영어는 3단어로

KAIWA MO MAIL MO EIGO WA SANGO DE TSUTAWARIMASU
by Yukiko NAKAYAMA
Copyright ©2016 Yukiko NAKAYAMA
Korean translation copyright ©2017 by INFLUENTIAL
All rights reserved.
Original Japanese language edition published by Diamond, Inc.
Korean translation rights arranged with Diamond, Inc.
through Imprima Korea Agency.

이 책의 한국어판 저작권은 Imprima Korea Agency를 통한 Diamond, Inc.와의 독점계약으로 인플루엔셜에 있습니다. 저작권법에 의해 한국 내에서 보호를 받는 저작물이므로 무단 전재와 무단 복제를 금합니다.

Simple English for Everyone

영어는 3단어로

내일 당장 대화가 되는 초간단 영어법

나카야마 유키코 지음 | 최려진 옮김

INFLUENTIAL
인플루엔셜

독자 여러분께

이 책은 '내일 당장 대화할 수 있는 영어'를 익히고 싶은 사람을 위한 책입니다.
일상적인 대화를 영어로 하고 싶은 사람, 영어로 메일을 쓰고 싶은 사람,
영어를 못해서 고민인 중·고등학생이나 대학생,
업무상 영어를 사용해야만 하는 사람,
자신 있게 영어로 말하고 쓰고 싶은 모든 사람을 위한 것입니다.

이 책을 통해서 '나는 영어를 못하지 않는다', '예전보다 영어가
술술 나온다'는 자신감을 가지게 되고, "영어쯤은 쉽지!"라는 말이
절로 나올 만큼 영어가 즐거워지기를 바랍니다.
영어로 고민하는 모든 이들에게 이 책을 드립니다.

Enjoy communicating in English!

나카야마 유키코

'나의 직업은 영어 강사입니다.'
이 말을 영어로 하고 싶을 때 당신은 이렇게 생각하지 않는가?

'나의 직업'은 My job ······.
'영어 강사'는 English teacher ······.
아참, 관사 an을 붙여야지, an English teacher ······.
'~입니다'는 be동사를 써서 ······.

My job is an English teacher.
완성했다! 맞는 영어다. 문법적으로도 완벽하다.

하지만 이 영어, 더 간단하고 더 통하기 쉽게 바꿀 수 있다.
↓ ↓ ↓
I teach English.

직역하면 "나는 영어를 가르칩니다"이지만
의미는 "나의 직업은 영어 강사입니다"와 다르지 않다.
어떤가? 문장이 짧아진 데다 직관적으로 이해하기도 쉽다.

이 책에서 당신이 배울 것은 복잡한 문장을 구성하느라 애쓸 필요 없이
그저 3단어 - 주어, 동사, 목적어로 영문을 만드는 기술이다.

새로운 문법, 단어, 구문을 외울 필요는 없다.
자, 이제 3단어 영어를 시작하자!

이 책의 4가지 특징!

새로운 문법, 단어, 구문을 암기할 필요가 없다

3단어 영어는 매우 단순하다. 복잡한 구문을 고민하지 않고 어떤 문장이든 '누가 (혹은 무엇이), 무엇을, 하다'로 만드는 것만 생각하면 된다. 어려운 단어도 대개는 중학교 수준 단어로 바꾸어 쓸 수 있다. 그 요령도 알려줄 것이다.

3단어로 영어 문장을 만드는 패턴을 알게 된다

3단어로 통하는 영문 만드는 법을 구체적으로 설명한다. 우선 '주어의 선택'에서는 사용할 수 있는 4가지 주어에 대해 알려준다. 다음으로 3단어 영어를 결정하는 결정적 요소인 '기본동사'와 '응용동사'를 소개하고 나아가 기본형 문장과 동사 리스트를 활용하여 영문을 만드는 연습을 해본다.

그동안 배운 '어려운 영어'와 작별한다

3단어로 통하기 위해서 버려야 할 표현을 제안한다. 무심코 쓰기 십상이나 잘 통하지 않는 영어 표현의 예를 설명하여 더는 그런 표현을 쓰지 않고 시원시원하게 3단어 영어를 사용할 수 있도록 한다.

브레이크 & 스킬업

각 장마다 등장하는 '브레이크 & 스킬업' 코너에서는 3단어 영어를 기본으로 한 올바른 문장으로 명료하게 통하는 방법을 알려주고, 영어에 얽힌 뒷이야기로 깊이 있는 이해를 돕는다. 나아가 3단어 영어뿐 아니라 전반적인 영어 실력 향상에 도움이 되는 다양한 내용을 다룬다.

차례

독자 여러분께   4
이 책의 4가지 특징   7
시작하며 쉬운 영어가 통한다   13

1장 나의 영어가 통하지 않는 이유   20

1 내 영어의 3가지 약점   23
2 학교에서 배운 숙어는 버려라   29
3 be동사를 많이 쓰지 마라   31
4 한자 표현을 곧이곧대로 옮기지 마라   34
5 주어를 빼먹지 마라   38
6 단어+단어+단어로 말하지 마라   44

2장 3단어 영어는 동사에 달렸다   50

1 한 단어 동사로 스피디하게   53
2 타동사를 사용하여 명쾌하게   58
3 능동태로 짧고 강하게   64
4 부정문 대신 긍정 표현으로   70
5 얼버무리지 않고 구체적으로   74
6 when이나 if 문장도 3단어 안에   79

3장 3단어 영어를 만드는 패턴   86

1 주어와 동사 선택이 제일 중요하다   89
2 주어는 4가지 중에서 골라라   93
3 기본 동사를 잡아라   101
만능 동사 have, use, include   101
편리 동사 find   105

긍정 동사 like, enjoy	106
~하게 만드는 동사 surprise, interest 등	107
반대말 동사 dislike, disable, unveil, unlock, uncover	110
명쾌 동사 benefit, replace, relocate	114
특징과 강조를 표현하는 동사 feature, highlight	117

4 편리한 동사를 활용하라   121

필요 동사 need, require	121
최대·최소 동사 maximize와 minimize	124
목표 달성에는 achieve	125
주어와 목적어를 가리지 않는 편리 동사 allow, permit, enable, cause	126
올리다와 내리다 increase와 decrease(reduce), raise와 lower	131
설명하다와 요약하다 explain, describe, discuss, summarize, outline	134
짧게 전하는 동사 outnumber, outweigh, outperform, double, triple	138

5 5가지 패턴으로 3단어 영어를 만든다   141

4장  3단어 영어에 정보를 더한다 — 156

1 현재형으로 느낌 싣기 — 159
2 현재완료형으로 느낌 싣기 — 165
3 조동사로 느낌 싣기 — 171
4 조동사의 과거형으로 느낌 싣기 — 178
5 부사로 정보 싣기 — 185
6 전치사로 정보 싣기 — 191
7 분사와 관계대명사로 정보 싣기 — 204
8 관계대명사의 계속적 용법으로 정보 더하기 — 213

5장  3단어를 통하려면, 과감하게 버려라   222

1 There is/are 버려라   **225**
2 it을 버려라   **231**
3 S+V+O+O와 S+V+O+C를 버려라   **236**
4 수동형을 버려라   **243**
5 숙어를 버려라   **249**
6 not 문장을 버려라   **253**
7 난해한 영단어를 버려라   **258**
8 어려운 시제를 버려라   **263**

마치며 영어 강사로서 보고 느낀 것   271
참고문헌   275

시작하며

쉬운 영어가 통한다

나는 학창시절에 영어 공부를 정말 열심히 했다. 졸업 전에 TOEIC 950점을 받았고 공인 영어검정시험에서 1급을 받았다. 그 뒤로도 더 열심히 공부해서 TOEIC 점수는 더 올랐다.

그러나 사회에 나왔을 때 나는 영어를 전혀 '할 줄 모른다'는 사실을 깨닫게 되었다. 첫 직장이었던 공업용약품회사에서는 생각대로 영어로 말하지도 못하고 제대로 영어 문장을 쓰지도 못했다. 막상 실무에 투입되자 영어로 유창하게 대화를 나누기는커녕 자신만만했던 영문법과 영작문에서조차 고전했다.

낙담했다. 괴로웠다. 한심했다.

매달리는 마음으로 옮긴 다음 직업은 '특허번역'이라는, 영작문에서도 특히나 어려운 분야였다. 새로운 기술 발명을 영어로 묘사하여 미국이나 유럽 국가에 특허를 출원하는 서류를 작성하는 일이었다. 이는 기술번역 분야에서도 특수하고 극도로 힘들다는 일이다. 아예 가장 어려운 영작문을 직업으로 삼아 어려운 영어로 매일매일 단련하면 영어 실력이 좋아지리라고 기대했다. 힘들지도 모른다. 하지만 도전해보고 싶었다.

예상했던 대로, 아니 상상 이상으로 힘들었다. 너무나 막막했다. 일단 기술을 설명하는 우리말의 의미를 알 수가 없었다. 그리고 그 의미를 영어로 작성하는 표현력도 달렸다. 특허서류는 새로운 발명품을 소개하는 문서이기 때문에 문장이 장황하고 내용이 복잡하다. 그러나 난해하고 읽기 힘든 영어로는 특허가 등록될 가능성이 오히려 낮아진다. 의미가 통하지 않는 영어를 늘어놓아 보아야 아무 의미도 없다. 그런 현실과 맞서는 나날이었다.

이 괴로움에서 벗어나고 싶었다. 이 세계를 어떻게든 바꾸고 싶었다. 간절히 바라며 고심했다.

내 영어를 구제해줄 무언가를 찾던 중 발견한 것이 이후 지침이 되어준 '영어 테크니컬라이팅(Technical Writing)'이었다. 테크니컬라이팅은 공업영어, 기술영어 등으로 불린다. 복잡하고 난해한 특허영어라도, 아니 오히려 특허영어이기에 더 평이한 영어 문장을 만들기 위한 규칙이 필요하다고 나는 확신하게 되었다. 그리고 그 방법과 요령을 알려주는 테크니컬라이팅에 관한 책을 닥치는 대로 읽었다.

복잡한 전문기술을 영어로 전하려면 그 기술을 평이한 모국어로 바꾸는 능력과 그것을 알기 쉽고 자연스러운 영어로 만드는 표현력이 요구된다.

그것을 단련하는 중에 나는 한 가지 결론에 도달했다. 내용이 복잡할수록 그에 따라 복잡한 영문을 만드는 것이 아니라 그 반대를 목표로 삼아야 한다는 것이다.

그 결과 어떤 복잡한 문장도, 주어+동사(S+V), 주어+동사+보어(S+V+C), 주어+동사+목적어(S+V+O), 주어+동사+목적어+목적어(S+V+O+O), 주어+동사+목적어+보어(S+V+O+C), 영문의 이 5개의 패턴 중 가장 강력하고 간단한 S+V+O(누가 무엇을 한다)를 사용해서 표현하는 요령을 습득했다.

3단어를 나열하는 것만으로 충분하다

단시간 연습으로 우리의 영어가 '통하는 영어'로 바뀐다. 어렵게 생각할 필요는 없다. 주어, 동사, 목적어를 나열하기만 하면 된다.

I	like	English.
주어	동사	목적어

이 구조를 기본으로 한다.

이제 3단어 영어란 어떤 것인가에 대해 설명하겠다. 일단 '우리가 흔히 하는 영어회화'를 보자.

A : **What is your job?**
　　당신의 직업은 무엇입니까?

B : **My job is an English teacher. What about yours?**
　　영어 강사입니다. 당신은요?

A : **I am an editor of books.**
>	저는 책 편집자입니다.

B : **Are you?**
>	그러시군요.

사용 단어 수는 총 21단어이다.
'~입니다'를 표현하는 'be동사(is, am, are)'가 많이 보인다. 학교에서 be동사를 확실하게 배운 덕인지 우리는 웬만하면 be동사를 쓰는 습관이 있다.

이제 같은 대화를 3단어 영어로 해보자.

A : **What do you do?**
>	당신은 무슨 일을 하나요?

B : **I teach English. What about you?**
>	영어 강사로 일해요. 당신은요?

A : **I edit books.**
>	책을 편집해요.

B : **Great.**
>	그러시군요. = 멋지네요.

사용 단어 수는 총 14단어이다. 정확하게, 게다가 빠르게 통한다.
이 대화에서는 동작을 표현하는 동사 do, teach, edit를 사용하고 있다. 사용 단어 수는 A와 B의 말을 모두 합쳐 14단어로 줄어 경쾌한 대화가 되었다. 이런 속도감 있는 대화라면 마지막 맞장구도 "Great.(멋지네요)"처럼 긍정적 표현이 어울린다.

아무리 어려운 영어에도 통한다!

복잡하게 보이는 내용이라도 3단어―주어, 동사, 목적어를 나열하여 짧고 명쾌하게 통할 수 있다.

"담배를 피우면 화재경보기가 작동합니다."를 영작해보자, 우리는 흔히 이렇게 말한다.

If you smoke, the fire alarm will become active. 9단어

3단어 영어 구조로 바꾸면

Smoking will activate the fire alarm. 6단어
주어   동사   목적어

'담배 피우는 것'을 뜻하는 동명사 Smoking을 주어로 사용했다. active(작동 중인)라는 형용사가 아니라 activate(~을 작동시키다)라는 동사를 썼다.
'3단어 영어'는 이런 기술적 문장까지 모두 표현할 수 있다.

우리가 반드시 배워야 할 스킬

한국인이 흔히 하는 영어와 3단어 영어를 다시 한 번 비교해보자. 관사가 등장하는 비율이 다르다는 점을 알 수 있다. 관사란 명사 앞에 놓이는 부정관사 a/an과 정관사 the를 가리킨다.

우리는 흔히 이렇게 말한다.
My job is an English teacher.
I am an editor of books.

3단어 영어로는 이렇게 말하면 된다.

I teach English.
I edit books.

우리는 습관적으로 명사(English teacher, editor)를 많이 사용하기 때문에 관사(an English teacher, an editor)가 필요하다. 관사를 자주 쓰면 문장 만들기가 까다로워져 틀린 영어가 되기 쉽다.
3단어 영어에서는 명사를 사용하는 빈도가 최소한으로 줄어든다. 따라서 관사도 최소한으로 쓸 수 있어 번거로움에서 해방될 수 있다.
그러면 누구나 쉽게, 그리고 정확한 문장을 만들 수 있다.

물론 장문에도 사용할 수 있다!
고작 3단어로 내용을 얼마나 전달할 수 있을까? 하고 염려된다면 안심해도 좋다. 일단 3단어 영어를 쓸 수 있게 되면 그 다음에는 예문처럼 상세한 정보를 계속 보탤 수 있다.

I teach English 나는 영어 강사예요.
        to university students. 대학생들을 가르쳐요.

I edit books 나는 책 편집자예요.
        for business people. 비즈니스 서적을 편집해요.

"I teach English."나 "I edit books."처럼 우선 3단어로 문장의 골자를 만들고 나면 그 후에 차분하게 필요한 정보를 추가할 수 있다.

한편 이 책에서 말하는 3단어 영어란,

I   like   English.
①   ②   ③

이렇게 실제로 단어 수가 3개인 경우뿐 아니라,

Smoking (will) activate (the) (fire) alarm.
    ①   ②   ③

이처럼 실제로 3단어는 아니지만 3개의 요소로 이루어지는 경우도 포함한다.

CHAPTER 1

나의 영어가 통하지 않는 이유

이 장의 내용

- 내 영어의 3가지 약점
- 학교에서 배운 숙어는 버려라
- be동사를 많이 쓰지 마라
- 한자 표현을 곧이곧대로 옮기지 마라
- 주어를 빼먹지 마라
- 단어+단어+단어로 말하지 마라

이번 장에서는 영어 문장을 만들 때
우리가 빠지기 쉬운 함정은 무엇인지 살펴본다.
당신의 영어가 통하기 어려운 이유는 지금까지 너무
열심히 영어를 공부했기 때문인지도 모른다.
반대로 학교 영어수업이 어려워서 포기했고 그때부터
영어를 못한다는 의식이 남아 있기 때문일 수도 있다.
학교에서 배운 '영어답게 보이는 영어'는 그만두자.
이제 당신의 영어를 지금까지와는 전혀 다른 영어로 변신시켜 보자.

내 영어의
3가지 약점

1-1

영어를 할 때 '멋들어지게 말해야지', '복잡하게 표현하면 더 원어민 같아 보일거야' 하는 생각을 은연 중에 하고 있지 않은가? 학교에서 배운 어려운 구문, 이를테면 S+V+O+O(주어+동사+간접목적어+직접목적어) 구문이나 S+V+O+C(주어+동사+목적어+보어) 구문을 일부러 자주 쓰고 있을 것이다.

혹은 가주어나 가목적어를 사용한 It is ~ for … to do(…가 하는 것은 ~이다) 형식, 또는 There is / are 구문에 맞추려 애쓸 수 있겠다. 우리말로 생각하고 그것을 직역하려고 하면 이런 복잡한 구문이 더 잘 어울릴 것 같기도 하다.

하지만 실상은 영문이 복잡해질 뿐, 잘 통하는 영어와는 멀어진다.

다음 영문을 살펴보자.

The news made me surprised. 그 뉴스가 나를 놀라게 했다.
    S   V   O   C

문장의 5형식 문형 중 제5형식(S+V+O+C)을 사용하는 문장이다.

It is not difficult for me to understand your situation.
나로서는 당신의 상황을 이해하는 것이 어렵지 않다.

It is ~ for … to do (…하는 것은 ~이다) 형태, 즉 가주어 it을 사용한 표현이다.

There is a need to buy this book. 이 책을 살 필요가 있다.

There is 구문을 사용하고 있다. '~가 있다'라는 우리말을 곧바로 There is~ 구문으로 바꿔 쓰는 경우가 많다. 이 문장들은 문법적으로 바르고, 보기에 '영어답게' 느껴진다. 교과서와 영어 교재에서도 자주 보는 표현이다. 하지만 이런 문장에는 다음 3가지 결점이 있다.

첫째, 결론(동작)이 즉시 전해지지 않는다

The news made me …

It is not difficult for me to …

There is a need to …

이 문장들의 전반부를 보자. 전반부만으로는 무슨 얘기를 하려는지 알 수 없다. 결론, 즉 문장이 전하고자 하는 '동작'이 문장의 전반부가 아니라 문장의 후반부, 때로는 문장의 마지막에야 드러난다.
예를 들어 당신이 "It is not difficult for me to…"까지 말했을 때를 생

각해보자. 상대가 '대체 무슨 얘기를 하겠다는 거지?' '요점이 뭔데?' 하는 표정으로 목을 빼고 다음 말을 기다린다. 그런 어색한 순간을 경험한 적, 있지 않은가?

둘째, 문장을 만들 때 부담이 크고 틀릴 가능성도 높다

The news made me …

여기까지 문장을 만드는 데만도 비원어민에게는 상당한 부담이 된다. made me라고 쓰기까지 당신은 어떤 구문을 쓸지를 먼저 생각하며 'S+V+O+C 구문을 사용해야겠다'라고 머릿속에서 열심히 문장을 구성한다. 문장을 완성할 무렵에는 뇌도 피곤해져서 다음과 같은 잘못된 문장을 만들어낼지도 모른다.

The news made me …

　　made me 까지 만들었다면 남은 것은 S+V+O+C의 'C'뿐이다.

The news made me surprising!

　　　　　　　　… 해냈다! 완성? 땡! 틀렸다.

틀렸다. surprising은 문법적 오류다.

S+V+O+C 같은 어려운 문법을 쓰면 문장을 구성하는 데 너무 신경을 쓰다가 오히려 이런 문법적 오류를 저지르기 쉽다. 특히 말로 할 때는 머릿속에 떠올린 즉시 말하게 되므로 사소한 부분을 놓칠 가능성이

더 높아진다. '소통만 된다면 문법 오류 몇 개 쯤은 신경 쓸 필요 없겠지' 생각하는 사람도 있다. 물론 중요한 것은 통하는가 아닌가이고 의사소통만 되면 그걸로 좋다.

하지만 문장을 만들 때 부담이 적고 나아가 문법 오류가 없는 표현을 쓸 수 있다면 어떨까? 영문을 만드는 사람도, 그 내용을 받아들이는 사람도 기분 좋게 소통할 수 있을 것이다.

It is not difficult for me to …

There is a need to …

이 표현들은 우리에게 인기 있는 구문이지만, 만드는 데 부담이 큰 문장이다. 무슨 얘길 하려고 했는   지 도중에 내용을 잊어버리거나 틀리게 쓰는 경우도 많다.

셋째, 단어 수가 많기 때문에 의사소통이 늦어진다

커뮤니케이션에서 속도는 매우 중요하다. 사용하는 단어 수가 많으면 전달하고 이해하는 속도가 느려진다. 속도가 느려지면 상대의 부담도 커진다. 그러면 의사소통이 매끄럽게 되지 않을 가능성도 높아진다.

3단어로 영어 문장을 만든다!

이제 발상을 바꾸어 앞의 영문을 고쳐 써보자. 한 단어라도 줄일 수 있으면 줄여서 가능한 한 쉽게 표현하자.

기본적으로는 어떤 영문이든 3단어를 기본으로 만든다. 이 책의 3단어란 ①주어 ②동사 ③목적어를 가리킨다. 즉 '누가(무엇이) 무엇을 한다'라는 형식이다. 3단어는 그 문장의 뼈대가 되는 3가지 요소를 가리킨다.

덧붙이면 이 책에서 다루는 3단어 영어의 3단어에 관사나 수식어는 세지 않는다. 영문을 다시 작성하는 요령으로는 영문을 완전히 바꾸는 것이 아니라 처음에 사용한 영어 단어나 표현을 가능한 한 살리면서 고치는 것이 중요하다.

그러면 다시 앞에서 다뤘던 영문을 고쳐 써보자.

The news made me surprised.

The news surprised me.

It is not difficult for me to understand your situation.

I can understand your situation.

There is a need to buy this book.

I need to buy this book.
I need this book.

고친 후의 문장은 당신이 기대한 '폼 나는 영어'는 아닐지도 모른다. 하지만 통하는 영어이다. 만들기 쉽고, 실수하기 힘든 영어라고도 할 수 있다. 이것이 바로 이 책에서 여러분이 익히게 될 3단어로 통하는 영어이다. 3단어 영어에는 다음 3가지 장점이 있다.

3단어 영어의 3가지 장점

1. 결론(동작)이 빨리 전달된다.
2. 영문을 만들기 쉽고 실수가 줄어든다.
3. 의사소통 속도가 빨라진다.

POINT

폼 나는 영어는 필요 없다. 최소한의 단어로 평이한 구문을 사용해 문장을 만들면 실수가 줄고 통하기 쉬워진다.

학교에서 배운 숙어는 버려라

1-2

누구나 학교에서 영어를 배울 때 관용어구나 숙어 외우는 데 어려움을 느꼈던 기억이 있을 것이다. 예컨대 make use of (~을 이용하다), get rid of (~을 제거하다), give rise to (~을 일으키다) 같은 숙어를 통째로 암기한 사람도 있을지 모른다. 다음 예문을 보자.

He makes use of information on the internet.
그는 인터넷 정보를 활용한다.

I will get rid of suspicious emails. 나는 의심스러운 메일을 삭제할 것이다.

The revolution gave rise to political changes.
혁명에 의해 정치 변화가 일어났다.

이처럼 숙어는 여러 단어가 묶여 비로소 의미가 전해진다. give rise to는 give(주다), rise(일어서다, 오르다), to(~에)라는 3개의 다른 단어가 모두 모여 '~을 일으키다'라는 의미가 된다. make use of와 get rid of도 마찬가지로 서로 다른 의미의 단어들을 묶어놓으면 다른 뜻이 된다.

이런 숙어의 의미를 전부 외우려면 한도 끝도 없다. 영어 표현은 계속 사용하지 않으면 잊어버리게 된다. 과거에 열심히 외웠어도 막상 그 문맥이 나왔을 때 바르게 쓸 수 있을지 어떨지 모른다. 설령 제대로 썼더라도 상대방이 비원어민이라면 그 표현을 모를 수도 있다.

게다가 숙어는 동사 하나만 사용하는 경우에 비해서 단어의 수가 늘어나므로, 의사소통의 속도가 느려진다는 약점이 있다.

전부 잊어버리고 3단어 영어로 바꾸자.

He uses information on the Internet.

I will delete suspicious emails.

The revolution caused political changes.

use(~을 사용하다), delete(~을 삭제하다), cause(~을 일으키다)를 사용하면 동사 한 단어로 표현할 수 있다. 또 모두 쉬운 단어이다. 특히 use나 cause는 용도가 넓고 활용가치가 높은 동사다(101, 126쪽).

어려운 숙어를 많이 외우는 것보다 한 단어로 표현할 수 있는 동사를 제대로 사용하는 연습이 더 중요하다. 그러면 표현의 폭도 점점 넓어질 것이다.

POINT

학교에서 배운 숙어는 전부 잊어도 좋다. 한 단어 동사로 단순명료하게 표현하자.

be동사를 많이 쓰지 마라

1-3

중·고등학교 때 be동사와 그 용법들을 너무 잘 배워서인지 우리는 영어 문장을 만들 때 걸핏하면 be동사를 쓰고 보는 습관이 있는 듯하다. 3단어 영어에서는 '~이다'라는 정적인 표현보다 '~하다'라는 동적인 표현을 사용한다.

다음의 자기소개를 영어로 표현해보자.

"나는 교토대학교 학생입니다. 전공은 언어학입니다."
당신은 아마 이렇게 말할 것이다.

I am a student at Kyoto University. My major is linguistics.

"나는 자동차 회사 엔지니어입니다. 엔진 부품 개발부에 있습니다."

I am an engineer at an auto manufacturer.
I am in the development department for engine parts.

그렇다면, 3단어 영어로 같은 내용을 바꾸어 말해보자.

I study linguistics   나는 언어학을 공부하고 있습니다.
             at Kyoto University.   교토대학교에서.

주어, 동사, 목적어를 나열하는 3단어 영어를 사용하면 짧게 말할 수 있다. 그리고 나서 추가 정보(교토대학교에서)를 차분하게 덧붙이면 문장이 매끄러워진다.

I develop engine parts   엔진부품을 개발하고 있습니다.
             at an auto manufacturer.   자동차 회사에서.

마찬가지로 3단어 영어로 '무엇을 하고 있는지'를 먼저 전하므로 듣는 사람의 관심을 끈다. 바로 다음에 추가 정보인 '자동차 회사에서 근무한다'를 덧붙인다.

POINT

'~입니다'를 표현하는 be동사는 정적인 표현이다. be동사 사용을 줄이고 '~한다'라는 동적인 표현을 하자. S+V+O를 사용한 동적 표현으로 문장이 짧아지고 영작이 쉬워진다.

be 동사를 자주 쓰면 시제를 틀리기 쉽다

be 동사를 자주 쓰다 보면 시제를 틀리는 경우도 많다.
예를 들면 "**Where do you live?**(어디 살아요?)"라는 질문에 '나는 교토에 살고 있어요'라고 표현하려다가 그만 다음과 같이 말하는 경우가 생긴다.

Where do you live? 어디 살아요?

I am living in Kyoto. 교토에 살고 있어요. … 지금은요.

지금 당신이 교토에 살고 있고 딱히 이사할 계획이 없다면 다음과 같이 표현해야 맞다.

I live in Kyoto. 나는 교토에 살아요.

웬만하면 **be**동사를 쓰는 습관, 또는 **be**동사를 써야 영어답다는 편견 때문에 시제를 틀리면 본래 전하고 싶던 내용과는 다른 말을 하게 된다. 그 때문에 오해가 생기기도 하니 주의가 필요하다(159쪽).

1-4 한자 표현을 곧이곧대로 옮기지 마라

한자어는 뜻을 압축하여 담을 수 있어 문장에서 자주 쓰인다. 하지만 영어로 옮길 때 한자 표현이 방해가 되기도 한다. 어려운 한자 표현을 영어로 바로 바꾸려고 하면 어려운 영어가 되어버리기 때문이다. 예를 들면 다음과 같은 한자 표현을 포함하는 문장을 번역해보자.

"지금부터 여행의 개요설명(概要說明)을 하겠습니다." (한자어를 사용한 표현)
"나는 신제품 기획(企劃)을 실행하고 있습니다." (한자 + 실행하고 있다)

억지로 번역하면 통하지 않는다

"지금부터 여행의 개요설명을 하겠습니다."를 어려운 직역 영어로 하면 이렇다.
We will now give you an outline explanation of the tour.

단어 수가 많고 통하기 어렵다.

We will now explain an outline of the tour.

이 문장을 더 줄여 3단어 영어에 가깝게 한다.

We will now outline the tour.

outline을 '개요를 설명하다'라는 동사로 사용하여 3단어 영어로 만든다(P115 참조).

"나는 신제품 기획을 실행하고 있습니다."를 어려운 직역 영어로는 이렇게 표현한다.

I am making a plan for new products.

올바른 영어지만 make a plan이라는 숙어가 필요하다. 또 a plan의 관사를 헷갈릴 수도 있다. 게다가 '실행하고 있다'는 표현에 발목이 잡혀 현재진행형 시제를 사용하면 지금 기획을 하고 있는 중이라는 의미가 되므로, 내가 담당하는 업무가 신제품 기획이라는 원래 의도와 내용이 달라진다(159쪽).

I plan new products.

어려운 한자 표현에 대처하는 방법은 먼저 머릿속에서 우리말을 다시 쓰는 것이다. 어려운 한자 표현을 쉬운 동사로 다시 쓴다. 이때 3단어 영어가 되기 쉽도록 동사 선택에 특히 주의를 기울여야 한다.

그리고 나서 바꾼 문장에 맞추어 주어를 놓고 그 뒤에 명료하고 평이한 동사를 놓는다. 차분하게 동작의 대상, 즉 목적어를 배치하여 3단어 영어를 완성하자.

"그 제품을 채택함으로써 비용절감(費用節減)을 실현(實現)합니다."
이 문장에서 비용절감, 실현하다 같은 한자어를 영어로 표현해보자. 어려운 직역 영어로는 이렇게 된다.

The cost cut will be realized by adopting this product.

문법적으로 올바른 문장이지만 어려워서 통하기 어렵다.

The product will cut cost.

이렇게 3단어 영어로 표현하면 누구든지 영문을 만들 수 있다.

우리말부터 고쳐 쓰는 연습을 먼저 하자

"지금부터 여행의 개요 설명을 하겠습니다."

We will now give you an outline explanation of the tour.

"지금부터 여행의 개요(아우트라인)를 말하겠습니다."

We will now outline the tour.

"나는 신제품 기획을 실행하고 있다."

I am making a plan for new products.

"나는 신제품을 기획(계획)한다."

I plan new products.

"그 제품을 채택함으로써 비용절감을 실현한다."

The cost cut will be realized by adopting this product.

"그 제품이 비용을 절감(cut)한다."

The product will cut cost.

POINT

압축적으로 나타내는 한자어를 그대로 영어로 바꾸려고 하면 통하지 않는다.
우리말 표현에 매이지 말고 명료하며 간단한 동사를 선택하자.
한자어 표현은 무시하고 머릿속에서 새로 쓰는 것이 좋다.

1-5 주어를 빼먹지 마라

우리말은 주어(동작의 주체)를 굳이 말하지 않는 경향이 있다. 한편 영어는 동사로 시작하는 명령문을 제외하고는 주어(동작의 주체)가 필수 요소다. 그래서 다음과 같은 내용을 영어로 옮길 때 주어를 뭘로 할지 고민하게 되기도 한다.

"패스워드를 잊어버렸다."
누가 패스워드를 잊었는지 분명하지 않다.

"문제가 발생했다."
누구에게 어떤 문제가 일어났는지 분명하지 않다.

"패스워드를 잊어버렸다."
A password was lost.

이 영문은 '패스워드가 분실되었다. 누가 어떤 상황에서 분실했는지 모른다'는 의미를 전달한다. 그런데 이런 종류의 수동태 문장은 '남의 일'이라는 느낌을 준다.

주어, 동작의 주체를 찾자

우리말에서는 '나'나 '당신' 같은 주어를 생략하는 일이 많다. 하지만 이제 동작을 하는 사람이 누구인가(혹은 동작하는 것이 무엇인가)를 생각하여 동작의 주체를 주어로 사용해보자. 그렇게 하면 수동태를 피할 수 있다.

나 (I)를 주어로 해서 능동태로 표현해보자.

I lost my password.

I forgot my password.

주어, 동사, 목적어를 나열하는 3단어 영어로 "나는 패스워드를 잊어버렸다."라고 명쾌하게 표현했다. 처음에 썼던 "A password was lost."와 같은 수의 단어를 사용하지만 더 명확하게 상황을 나타내고 있다.

"문제가 생겼다."
이 문장을 영어로 말할 때는 주어를 무엇으로 하는 게 좋을까? '문제'가

누구에게 생겼는지 알 수 없으니 다음과 같은 문장이 되기 십상이다.

There is a problem. 문제가 있다.

A problem has occurred. 문제가 일어났다.

둘 다 맞는 문장이다. 하지만 이 문장들이 전달하는 내용은 '문제가 있다, 문제가 발생한 상태다'라는 사실뿐이다. 절박감도 없고 어떤 문제인지에 대한 정보도 없다.

이제 3단어 영어가 등장할 차례다. 과감하게 주어를 사람으로 해보자. 여기서는 We를 주어로 하여 문장을 만들겠다.

We face a problem.

'~에 직면하고 있다'를 표현하는 동사 face를 사용해 주어, 동사, 목적어를 단순하게 나열했다. "There is a problem." "A problem has occurred." 두 문장은 같은 수의 단어를 사용하지만, 사람을 주어로 사용한 문장이 더 쉽게 통할 뿐 아니라 문제가 우리의 것이며 해결해야만 한다는 절박감도 전해진다.

동사 face (~에 직면하다)가 떠오르지 않는 경우 더 간단한 동사를 사용해서 표현할 수도 있다.

We have a problem.

누구라도 쓸 수 있는 간단한 have는 만능이어서 추천한다(101쪽). have를 쓰면 문장이 간단하고 명쾌해진다.

간단하게 표현한 문장에 다음과 같이 정보를 덧붙일 수도 있다.

We have a problem to solve.

'해결해야만 하는 문제가 있다'라고 정보를 더하여 강하게 표현했다.

We have a problem with our network system.

'우리 회사 네트워크시스템에 문제가 있습니다'라고, 또 다른 방법으로 정보를 추가하는 것도 가능하다. 다른 정보를 더하여 '무엇에 문제가 있는지'까지 구체화하면서 얼마든지 문장을 바꿀 수 있다.

한편, 추가한 정보를 주어로 사용하여, 사람에서 사물로 주어를 바꾼 더 간단한 표현도 가능하다.

Our network system has a problem.

Our network system faces a problem.

주어를 We에서 Our network system으로 바꾸고 내용을 구체화했다. 이처럼 주어가 '나'나 '당신'이 아닌 무생물, 즉 '사물'이더라도 영어의 동사 have나 face를 사용할 수 있다.

POINT

주어를 찾자. 동작을 하는 사람이나 사물을 주어로 하면 단순명료하게 통한다.

'당신'과 '나'를 숨기는 우리말 문화

우리말은 주어가 없어도 성립하는 언어이다. 예를 들어 "점심, 먹었어요?"라는 질문에 '당신'이라는 주어는 빠져도 괜찮다. 오히려 친밀하지 않은 상황에서 '당신, 점심 먹었어요?'라고 당신이라는 단어를 넣는 것이 어색하게 느껴질 정도다. 이처럼 우리는 대화 상대에게 당신이나 너라고 굳이 지칭하지 않는 습관이 있다.

한편 영어에는 주어가 필요하다. '점심, 먹었어요?'라고 **"Eat lunch?"** 처럼 주어를 생략하여 표현하면 잘못이다. 당신, 즉 **you**라는 주어를 사용해서 **"Did you eat lunch?"** 처럼 표현할 필요가 있다. **you**는 영어에서 흔하게 등장한다. 이를테면 손윗사람에게 '점심 드셨습니까?'라고 하는 경우에도, 상사가 부하직원에게 '자네 점심 먹었나?'라고 하는 경우에도 똑같이 **"Did you eat lunch?"** 라고 표현한다.

또한 주어가 나인 경우도 우리말에서는 주어를 생략하는 경우가 많다. 예컨대 시험에 붙었다고 표현할 때 굳이 '내가 시험에 붙었어요'라고 하지 않고 '시험에 붙었어요!', '시험에 합격했어요'라고 주어를 생략하여 표현해도 자연스럽다. '내가 ~ 했다', '내가 ~한다'라고 모든 문장에 나라는 주어를 넣어 표현하면 필요 이상 자기를 강조하는 느낌이 들 수도 있다.
반면 영어로 말할 때는 반드시 **"I passed the exam."** 처럼 주어인 나, **I**를 사용해서 표현한다.

이처럼 우리말과 영어에서 주어를 쓰는 방식이 차이가 나다 보니 막상 영어로 말하려고 할 때 동작의 주체인 주어가 보이지 않는 문제가 생긴다.

그럴 때는 우리말과 영어는 다르다는 점을 상기하여 동작을 하는 사람이 누구인지를 따져보고 주어로 내세우자. '당신' **you** 또는 '우리' **we** 등 사람을 주어로 할 수 있다. 그 밖에 구체적인 사물, 추상적인 사물, 동작 등도 영문의 주어로 사용할 수 있다(93쪽).

1-6 단어+단어+단어로 말하지 마라

영어는 어떻게든 영단어만 나열하면 된다고 생각하는 사람도 있다. 뜻을 전하는 것이 목적이니 통하기만 하면 된다는 사고방식이 틀렸다고는 할 수 없다.

하지만 그런 엉터리 영어는 모양새가 나쁘고 이해하기 어려울 뿐 아니라 오해를 일으키기 쉽다. 무엇보다도 3단어 영어를 사용하면 토막 영어를 금세 극복할 수 있으니 사용하지 않을 이유가 없다.

예를 들어 '목적어만 사용하는 대화' 패턴을 생각해보자.

"기념선물로는 화과자가 좋아요."라고 말하고 싶은 상황이다.

"기념선물로 뭐가 좋을까?"
"화과자 어때?"
"그거 좋네."

이 대화를 영어로 어떻게 할까? 기념선물은 souvenirs, 화과자는 Japanese sweet처럼 단어를 떠올리고 그냥 나열한다면 어떨까?

The souvenirs,
the Japanese sweet!

이렇게도 통할 수는 있다. 그러나 토막 영어를 쓰고 왠지 모르게 부끄러워진다면, 이렇게 해보자.

원어민처럼 긴 문장으로 유창하게 말할 필요는 없다. 머릿속으로 침착하게 주어와 동사, 그리고 목적어를 배열하면 된다. 그러면 주어와 동사를 분명하게 사용하면서 평이하게 표현할 수 있다.

We have nice Japanese sweets. 여기는 화과자가 유명해.

You should buy them. 기념선물로 어때?

동사로는 쉬운 have를 선택했다. (101쪽)

신상품을 설명하는 프레젠테이션에서 "상품의 장점을 설명하겠습니다."라는 의도로 다음과 같이 단어만 나열하는 사람이 있었다.

Now, good points.

하고 싶은 말은 바로 "지금부터 상품의 장점(good point)을 설명하겠습니다."였다.

그러나 안타깝게도 이 문장이 전달한 내용은 "이제, 좋은 점(?)"이다.

자, 이럴 때는 주어와 동사를 잘 생각하여 영어를 완성하자.

Now I show good points.

동사로는 쉬운 단어 show (~를 보여주다)를 썼다. 실제로는 "Now, I will show good points."처럼 조동사를 넣으면 자연스럽다. 하지만 "I show good points."라는 문장만으로도 토막 단어만 나열한 문장에 비해서 훨씬 품위 있어 보인다.

계속해서 "마지막으로 요점정리입니다."라고 말하는 상황을 생각해 보자.

Finally, summary.

"그러면 마지막으로 프레젠테이션 요점정리입니다."라는 말을 하고 싶었겠지만 실제 전해진 말은 "마지막으로, 요약."이 됐다.

개선하기 위해 주어와 동사를 넣어보자.

Finally I will summarize my presentation.

동사로는 summarize(요점을 정리하다)를 사용했다(134쪽).

POINT

단어만 나열한 토막 영어는 주어와 동사를 찬찬히 생각하면 개선할 수 있다.
짧더라도 제대로 구성한 문장을 사용할 때 영어의 격이 높아지고 제대로 통한다.

영어에 발상의 전환이 필요하다!

중·고등학교에서 배운 영어는 다양한 상황에서 널리 쓸 수 있는 일반적인 영어이다. 누구라도 최소한의 영문을 만들 수 있도록 돕는다는 의미에서 학교 교육은 효과적이다. 예를 들면 정규 교육을 받은 누구나 "**I like English**.(나는 영어를 좋아한다)"라는 영문을 만들 줄 안다. 이런 기초 능력은 이 책에서 제안하는 3단어 영어를 자유롭게 구사하도록 하는 소중한 기반이 된다.

그러나 3단어 영어를 잘 사용하기 위해서는 학교에서 습득한 영어에서 벗어나 통하는 영어로 발상을 전환할 필요가 있다. 학교에서는 "**I like English**." 정도의 문장에서 더 나아가 다양한 영문법과 어려운 표현을 함께 배웠다. 사실은 오히려 그것들이 3단어 영어를 만들 때 방해가 되거나, 혹은 영어를 못한다는 두려움의 밑바탕이 된다.

3단어 영어의 장점을 알고 실천한다

3단어 영어를 어떻게 만들면 좋을지를 확인하겠다. 3단어 영어는 '누가 무엇을 한다', 즉 다음 형태로 나타낸다.

Somebody does something.

사람(**somebody**)이 아니라 '무엇(**something**)이 무엇을 한다'는 표현도 가능하다.

Something does something.

발상을 바꾸면 누구나 영어를 할 수 있게 된다

이 책의 1장부터 5장의 내용을 실천하면 학교 영어의 어느 부분을 활용하고 어느 부분을 버리면 좋을지, 어떻게 영어를 구성하면 좋을지 3단어 영어의 요령을 알 수 있다. 요령을 깨달았다면 그 후에는 3단어 영어를 실제로 계속 사용하자. 당신의 영어가 달라지고 당신의 미래가 바뀔 것이다.

학교 영어의 습관

초등학교, 중학교, 고등학교, 대학교, 사회생활 (장기간)

3단어 영어의 요령 습득

이 책의 1장~5장(며칠?)

3단어 영어를 계속 사용한다

3단어 문장 트레이닝 (점점 향상된다!)

**통하는 영어를 말할 수 있다! 쓸 수도 있다!
커뮤니케이션이 달라진다!**

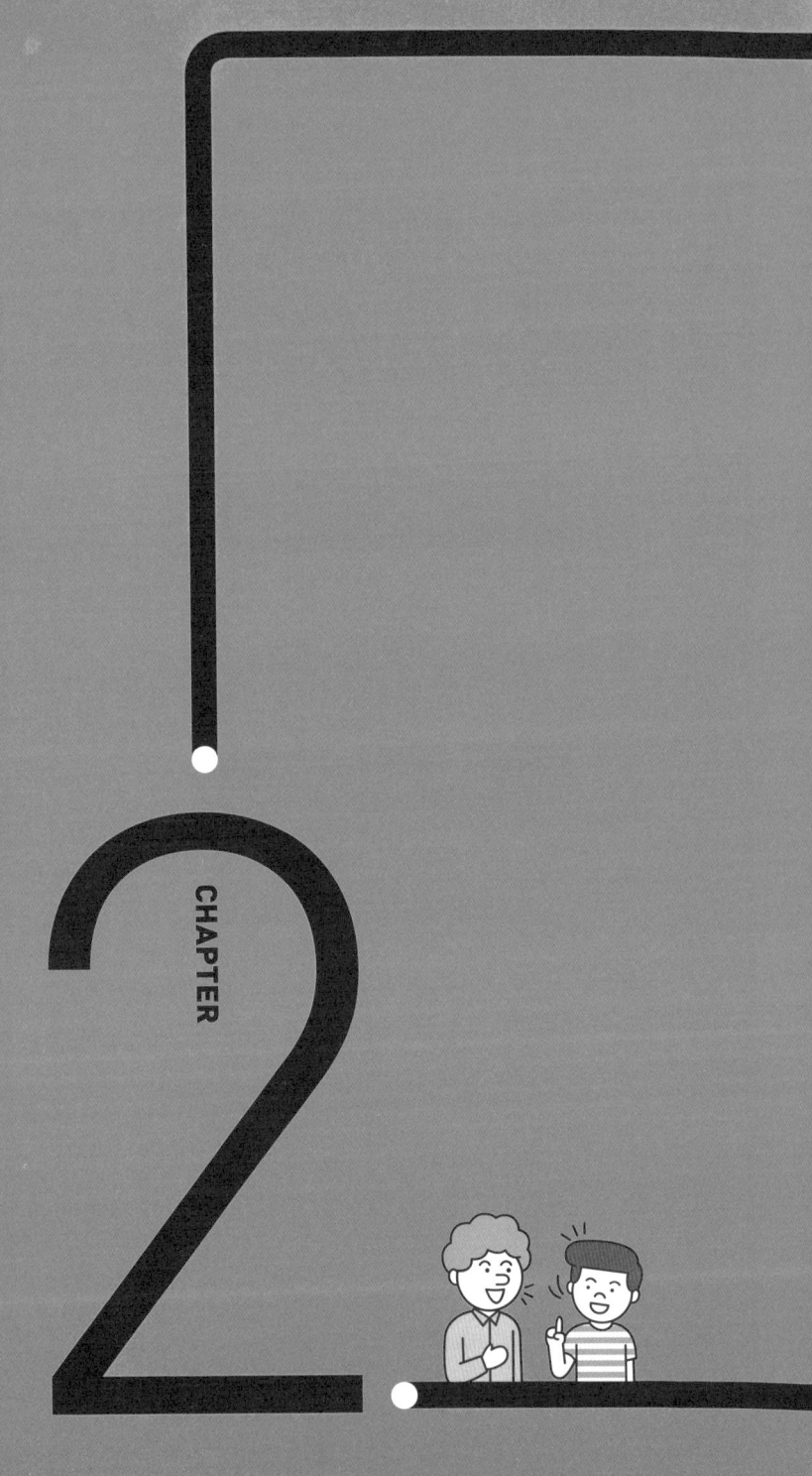

CHAPTER 2

3단어 영어는 동사에 달렸다

이 장의 내용

- 한 단어 동사로 스피디하게
- 타동사를 사용하여 명쾌하게
- 능동태로 짧고 강하게
- 부정문 대신 긍정 표현으로
- 얼버무리지 않고 구체적으로
- when이나 if 문장도 3단어 안에

3단어 영어는 somebody does something(누가 무엇을 한다) 또는
Something does something(무엇이 무엇을 한다)의 형태로,
즉 주어, 동사, 목적어를 나열한 구성으로 만든다.
그리고 문장을 결정하는 것은 동사이다.
3단어 영어에서는 구체적인 동작이나 움직임을 표현하는 동사를
선택하고 능동태로 동사를 살려 더 통하기 쉬운 문장을 만든다.
이 장에서는 동사를 활용하여 3단어 영어를
제대로 만드는 방법을 구체적으로 살펴보겠다.

한 단어 동사로 스피디하게

2-1

동사에는 단어 하나만으로 동작을 구체적으로 표현할 수 있는 동사와 그렇지 않은 동사가 있다. 예를 들어 다음 동사는 동작이 구체적으로 전해질까?

do 하다
perform 수행하다
make 만들다

이 동사들은 구체적으로 어떤 행동을 하는지 불분명하다. do나 perform은 하다, 수행하다라는 뜻인데 무엇을 하는지, 무엇을 수행하는지는 알 수 없다. make의 경우 만든다는 건 알아도 의미가 넓어서 구체적으로 어떤 동작을 하는지는 알기 어렵다.

그에 반해 한 단어만으로 구체적이고 분명한 의미를 가지는 동사가 있다. 예를 들이보자.

"우리는 기업 방문을 한다."

We do company visits.

We visit companies.

동사 do 대신 명사형 visits에 숨어 있던 동사 visit를 사용한다.

"X사는 Y사에 접촉을 시도했다."

X company made an approach to Y company.

X company approached Y company.

동사 make를 사용하지 않고 명사형 an approach에 숨어 있던 동사 approach를 사용한다.

"Z사는 타이완으로 생산거점 이전을 실시했다."

Z company performed shifting of its production to Taiwan.

Z company shifted its production to Taiwan.

동사 perform을 쓰지 않고 동사를 명사형으로 만든 형태(동명사)인 shifting을 동사 shift로 대체하여 사용한다.

문장에 구체적인 동작을 나타내는 동사가 사용되지 않았다면 본래의 동사가 문장에 감추어져 있지는 않은지 살펴보자. 원래 사용해야 할 동사가 동사의 명사형으로 어딘가에 숨어 있을 때가 많다. 그것을 찾아내어 3단어 영어의 주역으로 활용하자.

POINT

3단어 영어는 동사에 달렸다. 동사는 가능한 한 구체적으로 표현되는 것을 고른다.
동사로 사용해야 할 단어가 명사형으로 숨어 있기도 한다.

사전을 찾지 말고 알고 있는 단어로 해결하라

'영어 공부에는 사전 찾기가 중요하다'는 말을 들어봤을 것이다. 영어를 못하는 건 어휘력이 부족해서라고 생각할 수도 있다. 전달하고 싶은 내용을 표현할 단어가 떠오르지 않을 때마다 새로운 어휘를 암기해야 할까? 나는 단어를 억지로 외우려고 애를 쓸 필요는 없다고 생각한다. 중요한 단어는 문장 속에서 몇 번이고 나오기 때문에 자연스럽게 외울 수 있게 된다. 꼭 필요할 때만 사전을 찾거나 인터넷으로 관련문서를 읽어 보며 새로운 단어를 익히면 된다.

다음 문장을 영어로 표현해 보자.

"삼각형에는 3개의 변이 있다."

삼각형이 영어로 뭐지? 변은 뭐지? 이렇게 단어가 떠오르지 않을 수도 있다. 그럴 때는 곧장 한영사전을 펼치지 말고 차분히 생각해보자. 일단 '△은 세모, 어릴 때 음악시간이면 세모난 악기, 트라이앵글을 연주했지' 하고 **triangle**(삼각형)이라는 단어를 찾아낼 수 있을 것이다. '변'을 영어로 모르겠다면 **line**(선)도 괜찮지 않을까? 알고 있는 단어로 어떻게든 해결하는 것이다. 여기서 변은 영어로 **side**라고 해야 한다. 삼각형은 개수를 셀 수 있으니 관사 a를 사용하고 동사로는 평이한 **have** (~을 갖고 있다)를 사용한다.

A triangle has three lines.

A triangle has three sides.

그런데 변을 한영사전에서 찾으면 다음과 같이 나온다.

> 1. a side
> 2. excreta
> 3. excrement
> 4. accident
>
> (다음 웹사전)

여러 단어가 보이니 어느 것을 써야 할지 혼란스러울 수 있다. 그래서 적당히 중간에 있는 **excrement**를 골랐다고 하자.

A triangle has three excrement. (?)

뭘 말하려는 건지 알 수 없는 틀린 영문이 되어버렸다. **excrement**란 배설물이라는 뜻으로 삼각형의 변과는 무관하다. 이 정도로 극단적이지는 않더라도 한영사전에서 찾은 낯선 단어를 사용하는 바람에 터무니없는 문장이 되는 일은 흔히 있다.

이런 잘못을 피하기 위해서도 한영사전을 가능한 한 사용하지 않고, 설령 사용하더라도 나열된 여러 단어 중에서도 모르는 단어는 쓰지 않는 것이 중요하다. 언제든 아는 단어, 본 적 있는 단어를 선택해서 상황에 대처해보자.

2-2 타동사를 사용하여 명쾌하게

1장에서 '~입니다'에 be동사를 적용하면 단어 수가 늘어나서 복잡해진다고 설명했다. 3단어 영어에서는 be동사가 아니라 동적이고 분명한 느낌을 주는 동사를 사용한다. 그것이 바로, 동사 뒤에 동작의 대상이 오는 '타동사'이다.

타동사와 자동사에 대해 간단하게 살펴보자.

타동사는 동사 뒤에 다른 단어가 필요하다

타동사

I like English. 영어를 좋아합니다.
  ~~~~
  타동사

동사 like의 경우 "I like." 만으로 문장을 끝낼 수는 없다. like는 '~을 좋아하다'라는 뜻이니 I like … what? (뭘 좋아하는데?)라는 질문을 받게 될 수밖에 없다. 즉 like는 뒤에 다른[他] 단어가 필요한 동사이다. 이것이 이른바 타동사(他動詞)이다.

자동사

I go.   갑니다.
  자동사

동사 go의 경우 "I go."만으로 문장을 마칠 수 있다. "I go."라는 말에 "어디에 가는데?"라고 다른 정보를 요구할지도 모른다. 하지만 문장에서 반드시 필수적인 요소는 아니다. 즉 스스로[自]만으로 충분한 동사이다. 이런 동사를 자동사(自動詞)라고 한다.

또 "I go." 뒤에 정보를 추가하고 싶다면 "I go (갑니다) to university. (대학에)"처럼 내용을 덧붙일 수 있다. 이때 "I go university."라고는 하지 않는다. 동사 go에게 university는 동작의 대상이 아니기 때문이다.

동사를 바꾸어서 비교해보자

I go to university.   나는 갑니다. 대학에.

I enter university.   나는 대학에 들어갑니다.

enter (~에 들어가다)는 자동사로 쓰이기도 타동사로 쓰이기도 하는 동사이다. 이 동사는 "I enter university. (나는 대학에 들어간다)"처럼 동사 바로 뒤에 동작의 대상이 되는 university가 올 수 있다.

다시 말하지만 자동사란 스스로[自]만으로 동작을 수행하는 동사이다. 타동사란 다른[他] 것을 동작의 대상으로 삼기 때문에 뒤에 또 다른 단어(목적어)가 필요한 동사이다.

타동사와 자동사의 차이를 이해했다면 이제 동적이고 명쾌한 타동사를 사용하는 예를 살펴보자.

"그는 프로젝트 리더이다."

He is a leader of the project.
이 문장은 정적인 상태를 나타내는 be동사를 사용하고 있다. 동적이고 명쾌한 타동사를 사용한 문장으로 고쳐 써보자. 3단어 영어가 필요한 때다.

He leads the project.
동사 lead (~을 이끌다)를 사용하니 동적인 움직임이 표현되어 문장이 명료해졌다.

"이 프로그램으로 시간 절약을 할 수 있다."

The program results in time saving.

'~라는 결과를 낳다'를 표현하는 result in을 사용하고 있다. 틀리지는 않았지만 영문을 만들기 어렵고 오류가 늘어나는 표현이다.

The program saves time.

동사 save (~을 절약하다)를 사용하여 동적이고 명쾌한 '3단어 영어'가 되었다.

"새해는 당신에게 좋은 해가 될 거예요."

The new year will be a good year for you.

약간 길고 어려운 문장을 만들었다. 맞는 문장이지만 발상을 바꾸어 3단어 영어로 짧고 명쾌하게 표현할 수 없을지 생각해보자.

The new year will treat you well.

주어 new year (새해)를 바꾸지 않고 동사를 treat (~을 다루다)으로 바꾼다. '잘, 좋게'를 나타내는 부사 well을 집어넣음으로써 '좋은 해가 된다'를 표현하고 '새해가 당신을 좋게 다루다'라는 무생물이 주어인 문장이 된다. 무생물을 주어로 만드는 발상, 재미있지 않은가?

POINT

동적으로 표현할 수 있는 타동사를 찾는다. 가능하면 이미 알고 있는 평이한 동사를 사용해서 단순하게 표현한다. 발상을 바꾸어 명쾌하게 표현하자.

단어는 이미지로 기억하라

단어와 해석을 1대 1 대응으로 외우지 말고 이미지로 파악하라. '영어 단어를 억지로 외우지 않아도 된다'고 앞에서 말했다. 다만 자주 사용할 만한 단어나 필요하다고 생각되는 단어는 잊어버리지 않고 기억하고 싶을 것이다. 그럴 때는 '외우기'보다 '이미지를 기억하는' 편이 도움이 된다. 특히 동사는 동사가 표현하는 동작의 이미지를 기억하면 좋다.

explore라는 단어의 예를 보자. 이 단어를 외웠더라도 잘 활용하지 못하는 일이 있다. 사전에는 '**explore** = 탐험하다'라고 쓰여 있다.

외우고 싶은 단어가 있다면 이렇게 1대 1 대응으로 외울 것이 아니라 아래 그림처럼 이미지로 머리에 남기면 좋다. 그러면 다양한 문맥에서 사용할 수 있게 된다.

이런 이미지를 떠올리는 데는 인터넷 검색엔진 **Google**의 이미지 검색이 효과적이다. 검색창에 **explore**라고 쓰고 이미지 검색을 클릭하면 **explore**에 맞는 다양한 이미지가 나온다. 한 번 훑어보기만 해도 그 단어가 가진 의미를 대략적으로 파악할 수 있다.

참고로 **explore**라는 단어는 일상적인 상황에서도 쓸 수 있다. 어떤 음식점에 들어갈지 고민하면서 친구와 함께 길을 걷고 있다고 하자. 이태리음식, 일식, 중식, "뭘로 할까?"라고 친구가 물어보면 "**Let's explore.**"라고 대답할 수 있다. "좀 둘러본 다음에 정하자."라는 뜻이 된다. '**explore** = 탐험하다'라는 1대 1 대응만 외우고 있으면 그런 장면에서 사용하기는 어려울 것이다.

또 **explore**라는 단어는 더 딱딱한 분위에서는 새로운 방법을 모색한다는 의미로 사용할 수 있다. 예를 들면 "**We will explore a new approach.** (새로운 접근 방식을 모색하겠습니다)"라는 식으로 표현한다.

알고 싶은 단어, 중요하다고 여겨지는 단어가 있다면 **Google**에서 이미지 검색을 해서 이미지 자체를 기억하며 계속 사용해보자. 그렇게 하면 단어장을 갖고 다니며 수많은 단어를 꾸역꾸역 외우거나 일일이 사전을 찾아서 확인하지 않더라도 활용 가능한 단어 수가 자연히 늘어날 것이다.

2-3 능동태로 짧고 강하게

주어를 생략하는 우리말 습관 때문에 능동태를 사용하기가 까다롭게 느껴질 수도 있다(38쪽). 하지만 되도록이면 능동태를 사용하자. 지금부터 수동태를 사용하면 왜 안 되는지, 능동태를 사용하는 장점은 무엇인지를 설명하겠다.

수동태 문장이란 행위를 받는 대상이 주어가 되는 문장이다. 예를 들면 "English can be used by anyone. (영어는 누구에게나 사용될 수 있다)"은 수동태 문장이다.

능동태 문장은 행위를 하는 사람이나 사물이 주어인 문장이다. 즉 "Anyone can use English. (누구나 영어를 사용할 수 있다)"는 능동태 문장이다.

둘 다 바른 문장이지만 강조하고 있는 부분이 미묘하게 다르다. 소리 내어 읽어보아 어느 쪽이 혀에 감기며 편하게 발음되는 시험해 보자.

English can be used by anyone.
　　　　　　　수동태
Anyone can use English.
　　　　　능동태

수동태와 능동태에서 느껴지는 인상의 차이

다음 문장을 비교해보자. 특히 영문의 어감을 비교해보자.

Tohoku was hit by the great earthquake in 2011.
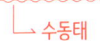 수동태　　　　　　　2011년 도호쿠는 대지진의 타격을 받았다.

The great earthquake hit Tohoku in 2011.
 능동태　　　　2011년 대지진이 도호쿠를 강타했다.

어떤가? 수동태를 사용한 첫 번째 문장은 단어 수가 많고 약한 인상을 준다. 반면 능동태를 사용한 문장은 짧고 쉬우면서 강한 인상을 준다. 계속 비교하면서 수동태에서 능동태로의 변환을 연습해보자. 수동태에서 능동태로의 변환이 어렵다고 느끼는 사람도 사실 전혀 겁먹을 필요가 없다.

실제로 영문을 만들 때는 그저 '누가(주어) → 한다(동사) → 무엇을(목적어)' 순서로 화살표를 따라 왼쪽에서 오른쪽으로 늘어놓으면 된다. 따라서 실제로는 능동태 문장을 사용하는 편이 머릿속에서 영문을 구성하는 데 훨씬 수월하다.

"그 프로젝트는 부장이 시작했다."

The project was started by the manager. 수동태

The manager started the project. 능동태

"가격에는 부가세가 포함되어 있다."

Tax is included in the price. 수동태

The price includes tax. 능동태

"제 연락처는 000-1234-5678입니다."

I can be reached at 000-1234-5678.   수동태

You can reach me at 000-1234-5678.   능동태

주어를 바꾸지 않고도 수동태를 피할 수 있다

3단어 영어를 만드는 데 익숙해졌다면 수동태에서 능동태로 변환할 때 다음과 같은 응용 테크닉도 구사할 수 있다. 지금까지는 주어를 바꾸면서 수동태에서 능동태로 변환했다. 하지만 발상을 바꾸면 주어를 바꾸지 않고 능동태로 만들 수도 있다. 주어는 그대로 수동태에서 능동태로 변환해보자.

"이 제품은 많은 용도로 사용할 수 있다." 이 문장은 흔히 만드는 수동태 문장으로는 이렇게 쓸 수 있다.

This product can be used for many applications.

＊application : 용도

이 문장의 경우 태를 바꾸려도 해도 동작의 주체인 주어로 무엇이 적절할지 잘 떠오르지 않을 것이다. 사물인 '이 상품(This product)'이 주어이니 수동태로 쓰는 수밖에 없다고 포기할 수도 있다(243쪽).

하지만 발상을 바꾸는 동시에 여분의 단어를 줄여 3단어로 만들어보자. 어떤 문장이든 능동태로 주어, 동사, 목적어를 나열하여 3단어로

만들 수 있다.

This product has many applications. 이 제품에는 많은 용도가 있다.

동사로는 단순하고 쉬운 have (~을 가지고 있다)를 사용했다(101쪽).

연습해봅시다!

앞서 설명한 응용 테크닉을 연습해보자.

"이 앱(This app)은 매우 편리하다. 많은 것을 할 수 있다는 점도 좋다."

This app is very convenient. This app can be used to do many things, and so is very good.

단어 수가 많으니 발상을 바꾸어 3단어 영어로 줄여보자.
다음 밑줄 친 부분에 들어갈 동사와 명사는 무엇일까?

This app ___동사___ **many** ___명사___ **. I** ___동사___ **it.**

힌트. '이 앱은 쓸모가 많다. 매우 좋다.'라는 두 문장을 각각 3단어 영어로 만든다.

This app has many uses. I like it. 이 앱, 쓸모가 많다. 매우 좋다!

발상을 바꾸어 3단어 영어로 된 두 문장을 만들었다. 단어 use는 동사로만 아니라 용도, 쓸모라는 의미의 명사로도 사용되므로, use를 사용해서 첫 번째 문장을 표현했다. 동사로는 간단하고 쉬운 have를 선택했다.

두 번째 문장은 쉽고 편리한 동사 like(~을 좋아한다)를 사용했다. 내용이 구체적으로 전달된다. 이렇게 표현하면 듣는 이가 '어떤 데 쓸 수 있는데?'라며 관심을 보이는 등 계속해서 대화가 이어질 것이다.

POINT

문장에서 되도록 능동태를 사용하자. 사람을 주어로 한 능동태,
사물을 주어로 한 능동태 모두 가능하다. 능동태 문장은 동사가 살린다.
단순하고 쉬운 동사를 선택해서 능동태를 만들자.

2-4 부정문 대신 긍정 표현으로

다음과 같이 not을 사용한 영문을 부정문이라고 한다.

I don't like English. 나는 영어를 좋아하지 않는다.

I don't have any idea. 아이디어가 떠오르지 않는다.

I didn't have breakfast this morning. I didn't have time.
나는 오늘 아침에 아침밥을 먹지 않았다. 시간이 없었기 때문이다.

부정의 내용을 not을 쓰는 부정문 대신 어떻게든 긍정문으로 나타내 보자는 것이 3단어 영어의 사고방식이다. 그렇다면 왜 부정문을 쓰지 않는 것이 좋을까?

부정문을 피해야 할 세 가지 이유

첫째, 단어 수가 많아진다

부정의 not이 문장에 들어가면 단어 수가 많아지고 아무래도 복잡한 문장이 된다. 예를 들어 다음 문장을 소리 내어 읽어보자. 혀가 꼬이거나 읽는 도중에 피곤해질 것이다.

I didn't have breakfast this morning. I didn't have time.
나는 오늘 아침 아침밥을 먹지 않았다. 시간이 없었기 때문이다.

둘째, 부정적인 느낌을 피한다

not은 부정적인 느낌을 준다. 예를 들어 "I don't have any idea."라고 하면 아이디어가 떠오르지 않아서 유감스럽다는 부정적인 느낌을 준다.

셋째, 부정문을 긍정 표현으로 바꾸는 단어가 있다

우리말로는 아무리 해도 부정문으로밖에 표현되지 않는 경우가 있다. 예를 들면 "아이디어가 떠오르지 않는다."는 '~않는다', '없다'라는 말 없이 표현하기 어렵다. 억지스럽게 '아이디어가 제로이다'처럼 표현하기보다 '아이디어가 없다'고 말하는 편이 자연스럽다.

그러나 영어에는 not를 사용하지 않고 부정적 내용을 표현하는 방법이 얼마든지 있다. 조금 전에 말한 '아이디어가 제로이다' 같은 발상이다. 즉 제로 아이디어를 가지다, "I have no idea."라고 표현하는 방식이다. have(~을 가지다)는 용도가 광범위한 만능동사로, '아이디어 없음

(no idea)을 가지다' 같은 문맥으로도 쓸 수 있다.

부정의 내용을 긍정 표현으로 바꾸기 위해서는 주로 다음 방법이 쓰인다.

> 1. '긍정형+no+명사'로 표현한다
> 2. 반대말을 사용한다
> 3. 동사 부분의 발상을 바꾼다

그러면 1~3번 방법을 사용해서 앞에서 말한 부정문 3개를 긍정형을 사용한 3단어 영어로 각각 바꿔보자.

I don't like English.

I don't have any idea.

I didn't have breakfast this morning. I didn't have time.

I dislike English.   나는 영어를 좋아하지 않는다[싫어한다].
dislike라는 반대말을 사용했다.

I have no idea.   아이디어가 떠오르지 않는다.
긍정형+no 로 표현했다.

I skipped breakfast this morning. I had no time.
나는 오늘 아침 아침밥을 먹지 않았다. 시간이 없었기 때문이다.

동사 부분의 발상을 바꾸었고 '긍정형+no'로 표현했다. 문장이 짧고 알기 쉬워졌으며 힘 있게 느껴진다. 대부분의 영어 부정문은 전달하는 내용을 바꾸지 않으면서 더 명쾌한 느낌을 주는 긍정 표현으로 바꿀 수 있다.

POINT

부정의 내용이더라도 긍정형으로 표현하자. 단어 수가 줄어들어 강하고 명료하게 전달할 수 있다. '긍정형+no+명사'를 사용하거나, 반대어를 사용, 또는 동사의 발상을 바꾸는 방법으로 대부분의 부정문을 긍정형으로 만들 수 있다.

2-5 얼버무리지 않고 구체적으로

3단어 영어는 전달하는 중심 내용이 분명한 것이 핵심이다. 반대로 내용이 불분명한 경우 3단어로 전달하기가 어려워진다. 예를 들어보자.

"새로운 정책은 매출 증가에 효과가 있으리라고 생각된다."

Our new policy is thought to be effective for increasing sales.

'매출 증가에 효과가 있으리라고 생각된다'는 말하려는 내용이 명료하지 않고 얼버무리는 느낌이다. 실제로 매출이 증가한다는 것인지, 매출 증가로 이어질 것 같다는 것인지 분명하지 않다. 그런 경우 3단어로 표현하기 어려워서 is thought to be effective라는 긴 영어 표현이 되어버린다.

3단어 영어를 사용해서 전달하는 내용도 고쳐 써보자.

Our new policy will increase sales.   새로운 정책에 의해 매출이 증가할 것이다.

분명하고 명쾌한 느낌으로 바뀌었다. 동사로는 한 단어로 표현할 수 있는 명쾌한 단어 increase(~을 증가시키다)를 사용했다(131쪽). 또한 '~라고 생각된다'를 표현한 is thought to는 조동사 will로 바꾸었다(171쪽).

"이 책은 학생들에게 좋은 것이다."

This book is good for students.

'좋은'의 의미가 모호하여 구체적이지 않다. 상대방의 반응이 "아, 그래⋯⋯." 정도로 대화가 끊겨버릴지도 모른다.

여기서 3단어 영어가 등장한다. 어떻게 좋다는 것인지를 다시 생각해서 구체적으로 전달한다. 3단어로 나타내려고 하면 자연히 전달하는 중심 내용도 구체화하게 된다.

This book helps students. 이 책은 학생들에게 도움이 된다.

명쾌한 인상을 주는 3단어 영어가 완성되었다. 이렇게 말하면 상대는 "어떤 도움인데?"라며 더 많은 정보를 알고 싶어 할 것이다. 그러면 필요한 정보를 추가하면 된다.

This book helps students to learn English.
이 책은 학생들이 영어를 공부하는 데 도움이 된다.

처음 영문의 "This book is good for students. (이 책은 학생들에게 좋은 것이다)"보다 한 단어 많을 뿐인데 더 구체적인 내용(이 책은 학생이 영어를 공부하는 데 도움이 된다)을 표현하고 있다.

POINT

무엇을 전달하고 싶은지를 정해 3단어 영어로 나타난다.
'주어 → 동사 → 목적어' 순서로 구성하는 습관을 들이면 모호한 문장을 개선할 수 있다.
3단어 영어로 문장도 머릿속도 명쾌해진다.

우리말을 영어로 변환한다는 것

'누워서 떡 먹기지!'라고 말하고 싶을 때는 영어로 어떻게 표현해야 할까?

Lay down and eat rice cake! 누워서 떡 먹기지!

이렇게 직역하면 무슨 소린지 전혀 알 수 없게 된다. 어떻게 해야 할까?

"**It's a piece of cake!**"라는 영어 표현이 있다.

케이크 한 조각, **a piece of cake**를 사용해서 매우 쉽다는 것을 표현한다.

하지만 "**It's a piece of cake.**"라는 영어 표현을 자유롭게 사용하는 사람이 얼마나 될까? 우선 **a piece of cake**라는 표현을 외우는 것부터가 일이다. 또 외웠더라도 어쩐지 쑥스러워서 "**It's a piece of cake!**"라고 말하지 못하는 사람도 있을지 모른다.

쓸 수 있는 표현을 선택한다

그럴 때는 더 간단하면서 자신 있게 쓸 수 있는 표현을 생각해보자. 예를 들면 다음과 같이 표현할 수 있다.

It's easy! 그거야 쉽지.

다음과 같이 표현할 수도 있다.

I can do that! No problem. 할 수 있어. 문제없어

즉 "**I can do that!**"처럼 주어·동사·목적어의 3단어를 사용해 말할 수 있다. "**No problem.**(문제없어)"도 덧붙이면 '누워서 떡 먹기지'의 뉘앙스가 잘 전해진다.

누워서 떡 먹기지!
- ✗   **Lay down and eat rice cake!** … 통하지 않는다.
- ⇒ ○ **It's a piece of cake.**   … 통하지만 외우기 힘들다.
- ⇒ ◎ **It's easy!**   … 쉽고 바로 통한다!
- ⇒ ◎ **I can do that! No problem.** … 쉽고 바로 통한다!

영어로 통한다는 것은 '떡 먹기'를 **eat rice cake**라고 단어를 번역하는 것이 아니다. "**It's a piece of cake!**"같은 정형화된 문구를 상황별로 끝없이 외워야 하는 것도 아니다.

영어로 통하는 것은 우리말 단어와 영어의 단어를 1대 1 대응으로 표현하는 것이 아니다. 누구나 알고 있어서 누구나 사용할 수 있는 영어 표현으로 다시 문장을 만드는 것이다. 내용이 쉽게 전해지며 실수할 일이 없는, 자신감을 갖고 통할 수 있는 영어를 목표로 삼자.

when이나 if 문장도 3단어 안에

2-6

When이나 if로 시작하는 문장에는 한 문장에 주어와 동사가 2세트가 등장한다. 주요문장의 주어와 동사, 보조문장의 주어와 동사이다. 예를 들면 다음과 같은 문장이다.

If you have questions, you can ask now. 질문이 있다면 문의해주십시오.
보조문장   주요문장

이 문장에는 you have(보조문장 부분)와 you ask(주요문장 부분), 두 세트의 주어와 동사가 등장한다. 우리말로 생각한 문장을 그대로 영어로 바꾸면 이런 구조가 되는 경우가 흔히 있다.

하지만 이 구조는 만들기가 어렵고 설령 바르게 영작을 해도 주요문장의 주어와 동사에 도달하기까지 시간이 걸린다. 3단어 영어를 사용해서 좀 더 단순한 문장, 즉 주어와 동사가 1세트만 등장하는 단문으로 바꾸자.

왜 영작할 때 when이나 if를 많이 사용할까?

우리는 왜 when이나 if를 자주 쓸까? 주로 2가지 이유에서다.
하나는 우리말은 조건을 나타내는 부분을 반드시 문장 앞쪽에 두기 때문이다. 일반적으로 "물어보세요. 질문이 있다면."이라는 문장은 잘 쓰지 않듯, 조건을 설명하는 부분을 문장의 후반에 두는 일은 없다.
when이나 if를 자주 쓰는 또 다른 이유로 우리말은 조건을 표시할 때는 조건절, 즉 '~라면', '~일 때' 같은 표현을 반드시 사용한다. 조건절을 사용하지 않고 조건을 표현하기가 쉽지 않기 때문이다.

'~라면'이라는 조건절을 사용하지 않고 쓴 다음 문장을 보자. 앞의 '질문이 있다면 문의해주세요'라는 조건절을 사용한 문장과는 뉘앙스가 다르다.

"질문은 문의주세요."
"질문이 있다면 문의주세요." 쪽이 훨씬 자연스럽다.

그러나 영어는 다르다.

3단어 영어로 바꾸기 STEP1 | 주절을 앞으로 보낸다

'질문이 있다면 문의주세요'를 표현한 문장 "if you have questions, you can ask now."를 3단어 영어로 고쳐 써보자.
우선 앞에서 설명했던 주요문장과 보조문장에 중 주요문장(말하고 싶은 내용)을 앞으로 보내자.

If you have questions, you can ask now.
　　　보조문장　　　　　　　주요문장

You can ask now if you have questions.
　　주요문장　　　　　　보조문장

문장의 메인 주어와 동사가 앞으로 나왔다. 하지만 이 문장에서는 중요한 정보인 question이 영문의 마지막으로 갔다. question을 앞으로 옮겨서 3단어 영어로 정리하자.

You can ask questions now.

이렇게 하면 완성이다. 이 문장이 어떻게 '질문이 있다면'이라는 의미가 되는지는 영어의 관사 the와 깊은 관계가 있다. 관사 the는 이미 거기에 있는 것, 대화하는 이들이 이미 알고 있는 것을 가리킨다. 따라서 관사 the를 사용하지 않고 questions만 사용하여 거기에 없는 것, 즉 '혹시 있다면'이라고 하는 if의 뉘앙스를 나타낸다.

만약 if의 뉘앙스를 좀 더 살리고 싶다면 뒤에 if절을 덧붙여도 괜찮다. 다음과 같이 표현할 수 있다.

You can ask questions now if you have any.

3단어 영어로 바꾸기 STEP2 | 동작을 주어로 한다

주어와 동사를 2세트 사용하는 문장을 간단한 단문으로 바꾸는 패턴이 하나 더 있다. 이 패턴도 우리말에는 없는 발상이다. '~할 때, ~한다'라는 패턴의 문장을 '~가 ~을 일으키다'라는 패턴으로 고친다. 즉 동작을 주어로 사용한다(89쪽).

"당신이 텔레비전을 보고 있으면 나는 짜증이 나."

When you watch TV, I get irritated.

Your watching TV irritates me.

* irritate : ~을 짜증나게 하다

"문 손잡이를 터치하면 도어락이 해제됩니다."

When you touch the door handle, the door will be unlocked.

Touching the door handle will unlock the door.

여기서 활용한 주어는 동작을 나타내는 동사인 watch, touch에 ing를 붙여 동사(~하다)를 명사(~하는 것)으로 만든 '동명사'이다. 처음 예문은 Your watching TV(당신이 텔레비전을 보는 것)이 '나를 짜증나게 한다'라고 주어, 동사, 목적어를 나열하고 있다. 그 다음 예문은 Touching the door handle(문 손잡이를 터치하는 것)이 '도어락을 해제한다'라고 S+V+O 형으로 표현되었다.

POINT

주어, 동사 세트가 두 번씩 나오는 when이나 if를 사용한 복문은 되도록이면 피하고 3단어 영어로 단순하게 말한다. when이나 if를 사용한 문장의 주절(말하고 싶은 것)을 뒤에서 앞으로 옮겨 3단어로 변환하는 방법을 알 수 있다. 동작을 주어로 함으로써 '~가 ~을 일으킨다'라고 하는 S+V+O로 만들 수도 있다.

3단어 영어와 비즈니스 영어

필요한 것은 난해한 영어? 쉬운 영어?

해외 특허 출원을 위한 번역일을 하면서, 어려운 기술을 설명하는 데는 당연히 어려운 영어가 필요하다고 생각했다. 하지만 오히려 업무상 잘 통하는 영어는 비원어민과 원어민 모두에게 통하고 누구라도 문제없이 이해할 수 있는 단순명쾌하고 쉬운 영어였다. 해외에서 출간된 편집 매뉴얼이나 실무 문서 작성법에 관한 책을 찾아보면 영작의 몇 가지 원칙을 알려주는데, 그 규칙을 따르면 누구라도 읽는 사람이 이해할 수 있는 글을 쓸 수 있다. 간단하게 알아보자.

원활한 의사소통을 위한 영어 비결

실제로 실무 문서 작성에 대한 영어 원서 《**The Elements of Technical Writing**》(Gary Blake & Robert W. Bly)에는 다음과 같은 규칙이 쓰여 있다.

Principles of Technical Communication 테크니컬 커뮤니케이션의 원칙
- **Use the active voice.** 능동태를 사용하라.
- **Use plain rather than elegant or complex language.** 고급스러운 어휘나 복잡한 표현보다는 평이한 말을 사용하라.
- **Delete words, sentences, and phrases that do not add to your meaning.** 의미 없는 말이나 문장, 구를 삭제하라.

- **Use specific and concrete terms rather than vague generalities.** 모호하고 포괄적인 말보다 명확하고 구체적인 말을 사용하라.
- **Use terms your reader can picture.** 읽는 이가 '머릿속에 그릴 수 있는' 말을 사용하라.
- **Use the past tense to describe your experimental work and results.** 실험이나 결과에 대해 기록할 때는 과거형을 사용하라.
- **In most other writing, use the present tense.** 그 밖의 대부분은 현재형을 사용하라.

재미있지 않은가? 실무 영어의 세계에 이런 규칙이 명시되어 있다니. 이런 실무 영어를 배우면 우리가 쓰는 영어도 달라질 것이다. 규칙만 따르면 부담은 줄이면서 빠르게 영작을 할 수 있기 때문이다. 우리 같은 비원어민에게는 머릿속으로 빠르고 올바른 영문을 구성하는 것이 영작 뿐 아니라 말로 할 때도 중요하다.

이 책은 이러한 비즈니스 영어의 규칙을 기반으로 3단어로 통하는 영어에 초점을 맞추어 원활하게 의사소통하는 비결을 설명한다. 원어민, 비원어민 모두에게 통하며 받아들이는 상대의 부담도, 영문을 만드는 당사자의 부담도 줄어드는 3단어 영어 말이다.

CHAPTER

3

3단어 영어를 만드는 패턴

이 장의 내용

- 주어와 동사 선택이 제일 중요하다
- 주어는 4가지 중에서 골라라
- 기본 동사를 잡아라
- 편리한 동사를 활용하라
- 5가지 패턴으로 3단어 영어를 만든다

이 장에서는 '3단어 영어'를 사용하기 위한
영어 문장 만들기 실천편을 다룬다. 주어를 선택하는 방법을 설명하고
기본 동사와 응용 동사를 소개한다.
마지막에는 주어와 동사 선택을 위한 5가지 패턴으로 복습한다.
주어와 동사 선택이 어렵다면 이 패턴을 활용해보자.
문장의 처음에 오는 주어는 사람, 사물, 동작, This 중에서 고른다.
주어 바로 뒤에 오는 동사로는 여러 상황에서 쓸 수 있는
쉽고 편리한 만능 동사, 명쾌한 느낌을 주는 동사,
재미있고 편리한 동사 중에서 자유롭게 골라 문장을 완성한다.

주어와 동사 선택이 제일 중요하다

3-1

영어에서는 주어를 반드시 문장 첫머리에 둔다. 주어 뒤에는 동사를 배치한다. 우리말처럼 주어를 생략하는 일은 없다(예외적으로 명령문은 주어 없이 동사로 시작한다). 당연히 주어에 따라 문장의 느낌도 크게 달라진다.

주어는 4가지 중에서 선택한다

이 책에서는 다음 4가지에서 주어를 선택해 영문을 구성한다.

1. 사람
2. 사물
3. 동작
4. This : 직전에 말한 '이것'

첫째로, 문장은 웬만하면 주어로 시작하자. 되도록 주어 앞에 아무 것도 두지 않는 것이 좋다. 자세히 설명하면 예를 들어 "오늘 아침에 아침밥을 먹지 않았다."라고 할 때 "This morning, I had no breakfast."가 아니라 "I had no breakfast this morning."이라고 하면 주어로 문장을 시작할 수 있다.

다른 예로 '커뮤니케이션 스킬을 개선하기 위해서 영문법을 공부하고 있다'라는 말은 "To improve my communication skill, I study English grammar."처럼 우리말과 같은 순서로 할 수도 있다. 하지만 주어로 문장을 시작하는 습관을 들이면 영문을 만들기 수월해진다. 이 경우 "I study English grammar to improve my communication skill."이라고 하면 된다. 주어로 쓰일 수 있는 4가지(사람, 사물, 동작, This)에 대해서는 이후에 좀 더 자세히 설명하겠다.

편리한 동사를 알아두자

주어 뒤에 이어지는 동사는 영문에서 가장 중요하다. 어떤 동사를 선택하는가에 따라 영문의 구조가 확실해지고 영문이 주는 느낌이 달라지기 때문이다. 이 책에서는 이른바 '타동사'를 사용한다.

타동사란 동사 바로 뒤에 동작의 대상이 되는 목적어가 나와야 하는 동사다.

타동사를 사용함으로써 "Somebody does something."(누가 무엇을 한다) 또는 "Something does something.(무엇이 무엇을 한다)"의 형태, 즉 S+V+O로 영문을 구성할 수 있다.

3단어 영어가 쉬워지려면 쉽게 사용할 수 있는 동사를 늘려 영작을 연습해보는 것이 중요하다. 따라서 이 장에서는 3단어 영어에 쓰이는 다양한 동사를 기초편, 응용편으로 나누어 소개하겠다.

일반적으로 잘 알려진 동사 중에서 유용성한 동사, 또 이 기회에 알아두면 편리한 동사를 소개한다. 구체적으로는 다음과 같은 동사이다.

기초편

- 만능 동사 **have, use, include**
- 편리 동사 **find**
- 긍정 동사 **like, enjoy**
- ~하게 만드는 동사 **surprise, interest** 등
- 반대말 동사 **dislike, disable, unveil, unlock, uncover** 등
- 명쾌 동사 **benefit, replace, relocate**
- 특징과 강조를 표현하는 동사 **feature, highlight**

- 필요 동사 need, require
- 최대・최소 동사 maximize, minimize
- 목표 달성에는 achieve
- 주어와 목적어를 가리지 않는 편리 동사 allow, permit, enable, cause
- 올리다와 내리다 increase와 decrease(reduce), raise와 lower
- 설명하다와 요약하다 explain, describe, discuss, summarize, outline
- 짧게 전하는 동사 outnumber, outweigh, outperform, double, triple

주어는 4가지 중에서 골라라

3-2

이제 3단어 영어의 구성을 도와주는 4가지 주어를 설명하겠다.

1. 사람
2. 사물
3. 동작
4. This : 직전에 말한 '이것'

사람 주어인 I 또는 We로 문장을 시작하라

먼저 사람을 주어로 한 문장 만들기를 연습하자. 능동태 S+V+O로 구성할 수 있는 3단어 영어에서는 자유롭게 '사람'을 주어로 할 수 있다. 먼저 I나 We로 문장을 시작하자. 문맥에 따라서는 You, He, She, They 등을 쓸 수도 있다.

I speak English. 나는 영어를 말한다.

We love English. 우리는 영어를 좋아한다.

Do you like English? 영어, 좋아하세요?

He/She studies English. 그/그녀는 영어를 공부한다.

They enjoy learning English. 그들은 영어공부를 즐긴다.

사물 주어, 영어에는 사물 주어를 많이 쓴다

사람만 주어가 될 수 있는 것은 아니다. 사물을 주어로 사용하여 다양한 문장을 만들 수 있다. 물리적인 사물뿐 아니라 추상적인 것, 다시 말해 현상이나 추상적 개념도 3단어 영어의 주어가 될 수 있다.

또한 사물을 주어로 하여 그 사물에 대해 묘사하는 문장(무엇이 ~을 갖추고 있다)이나 사물이 구체적인 동작을 한다는 문장(무엇에 의해 ~가 일어난다)도 만들 수 있다. 과감하게 사물(물리적인 것, 추상적인 것)을 주어로 하여 '무엇이(S) →한다(V) → 무엇을(O)'이라는 문장을 만들자. 이를테면 다음과 같은 문장이다.

The book contains useful information. 이 책에는 유익한 정보가 담겨 있다.
물리적인 사물(book)의 설명

다음으로는 사물이 주어인 문장과 그 문장을 사람 주어로 표현한 경우를 함께 살펴보자. 느낌과 단어 수 등을 비교해보면 사물이 주어인 문장이 더 분명하다는 것을 알 수 있을 것이다.

Our sales strategies need improvement.

우리 판매 전략에는 개량이 필요하다.

↳ 추상적인 사물(sales strategies)이 주어로, 동사는 '~을 필요로 한다'가 된다.

비교 사람이 주어인 경우는? 비교해보자.

We need improvement in our sales strategies.
we가 주어

The store attracts more than 10,000 customers every day.

이 가게에는 매일 만 명 이상의 손님이 온다.

↳ 물리적인 사물(store)이 '~을 끌어들이다'

* attract : ~을 끌어당기다

비교 사람이 주어인 경우는?

More than 10,000 customers come to the store every day.
customers가 주어

This hot summer causes people to stay indoors.

이번 여름의 더위 때문에 사람들은 실내에 틀어박혔다.

↳ 추상적인 사물(summer)이 '~을 야기한다'

* cause ~to … : ~가 …하게 야기하다

비교 사람이 주어인 경우는?

영어는 3단어로 95

In this hot summer, people stay indoors.
people이 주어

My job brought me to Tokyo.
나는 업무차 도쿄에 왔다.
└ 추상적인 사물(job)이 '나를 데리고 간다(bring)'

* bring … : ~을 데리고 가다

비교 사람이 주어인 경우는?

I came to Tokyo for my job.
I가 주어

동작 주어로 if/when절이나 it is 구문이 줄어든다

다음은 동작이 주어인 문장이다. 동사를 명사의 형태로 표현하는 동명사를 사용한다. 동명사란 동사(~하다)를 …ing형으로 바꾸어서 '~하는 것'이라는 명사형으로 표현한 것이다. 그 동명사를 주어로 사용한다. 예를 들어 동사 communicate (커뮤니케이션을 하다)의 동명사는 communicating (커뮤니케이션 하는 것)이다. 동사 improve (개선하다)의 동명사는 improving (개선하는 것)이다.

Communicating with many people will increase our knowledge.
많은 사람과 커뮤니케이션을 함으로써 지식이 늘어난다.
└ '많은 사람과 커뮤니케이션 하는 것(Communicating with many people)'이 주어

비교 사람이 주어인 경우는?

We can increase our knowledge by communicating with many people.
→ We가 주어

Improving the work conditions will attract more job applicants.

노동조건을 개선하면 지원자가 많아진다.

→ '노동조건을 개선하는 것(Improving the work conditions)'이 주어

비교 사람이 주어인 경우는?

If you improve the work conditions, your company will attract more job applicants.
→ you가 주어   your company가 주어

동명사 대신 동사의 명사형을 사용하면?

동명사(동사+ing) 대신 동사의 명사형을 사용하는 것도 형태상 가능하다. 동사의 명사형이란 어미가 …tion이나 …ment가 되는 단어이다. 예를 들어 communicate의 명사형은 communication이고 improve의 명사형은 improvement이다. 그때그때 만들 수 있는 ing형과 달리 동사의 명사형은 이처럼 명사형이 존재하는 경우에만 쓸 수 있다.

Better communication will improve our relationship.
　　　　　　　　　　　더 좋은 커뮤니케이션을 할 수 있다면 관계가 좋아진다.
↳ '더 좋은 커뮤니케이션(Better communication)'이 주어

그런데 동사의 명사형을 사용하면, 동명사를 사용한 경우와 비교했을 때 '동적인 느낌'이 사라진다.
어떤 문맥에서는 앞에서 본 "Communicating with many people will increase our knowledge."처럼 동적인 표현이 효과적이다. 이 문장을 동사의 명사형을 사용하는 "Communication with many people will increase our knowledge."와 비교해보면 동명사 Communicating을 사용하는 표현이 더 명쾌하다.

다만 문맥에 따라서는 동명사(동사+ing) 대신 단순한 명사를 사용할 수도 있다.

Better work conditions will attract more job applicants.
　　　　　　　　　　　　　　노동조건이 좋아지면 지원자가 많아진다.
↳ '더 좋은 노동조건(Better work conditions)'을 주어로 쓸 수도 있다.

주어가 This, 직전에 말한 '이것'

마지막은 This가 주어인 경우이다. 여기서의 This는 '앞부분에서 말한 내용'을 종합하여 '이것'을 가리킨다. This를 주어로 한 S+V+O 문장을 사용하면 간단하게 문장을 만들 수 있을 뿐 아니라 직전에 말한 내용과의 연관성을 강화하면서 의사소통을 할 수 있다.

This (이것)를 That (그것)으로 바꾼다거나, This나 That에 다른 명사를 결합해서 구체화하는 This → This idea 등의 변형도 가능하다.

앞 내용이 흥미로운 이야기였다면,

This interests me.   이것은 흥미롭다.

That interests me.   그것은 흥미롭다.

This idea interests me.   이 아이디어는 흥미롭다.

비교 사람이 주어인 경우는

I think what you said is interesting.   당신이 한 이야기는 흥미롭다.

앞 내용이 요점이 되는 이야기였다면,

This summarizes my points.   이것이 내 말하고자하는 요점입니다.

That summarizes my points.   그것이 내가 말하고자하는 요점입니다.
This를 주어로 하면 시제도 현재형이 사용된다.

비교 사람이 주어인 경우는?

In this way, I summarized my points.
이와 같이 제가 전달하고자 하는 요점을 말씀드렸습니다.

앞 내용이 질문에 대한 답변이 되는 설명이라면,

This answers your question. 이것이 당신의 질문에 대한 답변입니다.

This information will answer your question.
This를 주어로 하면 시제도 현재형이 된다.　　이 정보가 당신의 질문에 대한 대답이 될 겁니다.

비교 사람이 주어인 경우는?

I gave an answer to your question. 당신의 질문에 답변 드렸습니다.

POINT

주어는 4가지 중에서 고른다

1. **주어가 사람** : 커뮤니케이션의 주인공이 당신일 때. I 또는 We로 문장을 시작하자.
2. **주어가 사물** : 영어에서는 사물 주어를 많이 쓴다. 사물을 주어로 하자.
3. **주어가 동작** : 동사+ing를 주어로 하면 if/when절이나 it is 구문이 줄어든다.
4. **주어가 This** : 직전에 말한 이것은 That이나 This/That+명사 등으로 바꾸어 쓸 수도 있다.

사람만 주어로 쓸 것이 아니라 사물이나 동작, This도 사용하면 3단어 영어를 더 자유롭게 쓸 수 있다.

기본 동사를 잡아라

3단어 영어를 쉽게 만들도록 도와주는 동사는 따로 있다. 이 동사들을 알아두면 어떤 상황에서도 문장을 쉽게 만들 수 있다. 기초편에서는 친근하고 쉬우면서 광범위하게 사용할 수 있는 기본 동사를 설명한다. 주어가 사람인 경우에만 쓸 수 있는 동사와 사람과 사물에 모두 쓸 수 있는 동사, 2가지 모두 설명하겠다.

만능 동사 have, use, include

우선 다양한 경우에 쓸 수 있는 만능 동사 have, use, include이다. 이들 동사는 사람 주어와 사물(물리적인 것, 추상적인 것) 주어 모두에 언제든 쓸 수 있다. 동사 have, use, include는 각각 '가지다', '사용하다', '포함하다'라는 의미를 기본으로 하지만, 여러 맥락에서 다양한 주어, 목적어와 함께 사용할 수 있다.

have 가지다

'사물 등을 구비하고 있다, 상태나 속성을 가지다'라는 의미이다.

I have a smartphone. 나는 스마트폰을 갖고 있다.
주어는 사람이다. 여기서 have는 '사물을 가지고 있다'를 표현한다.

My car has an airbag. 내 차는 에어백이 있다.
주어는 물리적인 사물이다. 여기서 have는 '사물이 사물을 가지고 있다'를 표현한다.

My tablet has a storage of 64 GB. 내 태블릿은 64GB다.
주어는 물리적인 사물이며 have는 '상태나 속성을 갖고 있다'를 표현한다.

Nuclear power generation has disadvantages.
원자력발전에는 결점이 있다.

추상적인 사물을 나타내는 주어와 함께 '상태나 속성 등을 갖고 있다'의 의미가 된다.

use 사용하다

'이용하다, 쓰다, 채용하다, 활용하다'라는 의미로 쓰인다.

I use a bicycle to get to work.　나는 자전거를 타고 일하러 간다.
사람 주어와 함께 '이용하다'를 표현한다.

The company uses special sales strategies.
그 회사는 특별한 판매 전략을 채택해 사용하고 있다.

주어는 사람에 준하는 조직이다. use는 '채용하다'라는 의미로 쓰인다.

My car uses less gasoline.　내 차는 기름이 적게 든다.
물리적인 사물을 주어로 하여 '쓰다'라는 뜻이 된다.

Nuclear power generation uses uranium as a fuel.
원자력발전에는 우라늄이 연료로 사용된다.

주어는 추상적인 어떤 것으로, use는 '사용하다'를 표현한다.

include 포함하다

'포함하다, 들어 있다, 갖추다'라는 의미의 include를 살펴보자.

The product includes a user manual. 그 제품에는 사용설명서가 딸려 있다.

물리적인 사물 주어와 함께 '포함하다, 구비되다'라는 의미로 쓰였다.

Our tasks include analyzing customer needs and designing products. 우리 임무에는 고객의 요구를 분석한 제품 설계 등이 있다.

여기서 주어는 추상적인 어떤 것이다. include는 '~등이 있다'를 표현한다.

Designing includes finding good materials.
설계공정에는 재료 검토도 있다.

동작을 나타내는 주어다. '~등이 있다'를 표현한다.

Company restructuring involves drastic changes.
This includes staff cuts.
회사 구조조정에는 커다란 변화가 수반된다. 그중에는 인원 삭감도 있다.

앞 문장을 받는 주어 This와 함께 쓰여 '여기에는 ~이 포함된다'를 표현한다.

편리 동사 find

find 찾다

'발견하다, 이해하다, 찾아내다, 알다'라는 의미이다. 주어가 사람일 때 쓸 수 있는 평이하고 편리한 동사이다. '~을 알다', '~을 이해하다', '~을 찾아내다' 등의 의미로 쓴다.

You will find the latest fashion in this magazine.
이 잡지에는 최신 유행이 실려 있다.

Kids often find the beauty of nature.
아이들은 종종 자연의 아름다움을 발견한다.

We found the cause for the PC breakdown.
컴퓨터가 고장 난 원인을 찾았다.

I found that she married a celebrity.
그녀가 유명인과 결혼했다는 사실을 알게 되었다.

"We found out the cause for the PC breakdown."이나 "I found out that she married a celebrity."라고 하지 않고 이처럼 found 한 단어만으로 표현할 수 있다.

동사는 기본적으로 '한 단어만' 사용하는 것이 포인트다.(53쪽) find의 경우 '발견하다', '찾아내다'라는 의미로 학교에서 배운 대로 out를 덧붙여 find out으로 쓰고 싶어질 수 있다. 그럴 때마다 out를 덧붙이지 않고 find 단독으로 쓸 수 있다는 사실을 떠올려보길 바란다.

find 동사는 기본적으로 주어가 사람이 되지만, 마치 사물이 동작을 하는 것처럼 의인화하여 사물을 주어로 쓸 수 있는 때도 있다. 다음 예문을 보자.

This product finds many applications. 이 제품은 용도가 많다.

This material finds uses in cosmetics. 이 물질은 화장품에 사용된다.

참고로 이런 문장은 주어를 의인화한 특수한 표현이라고 생각하면 된다.

긍정 동사 like, enjoy

어렵게 생각할 것 없이 좋은지 싫은지, 재미있는지 재미없는지 전달하자. 특히 '좋아!' '재미있어!' 같은 긍정적인 감정을 쉬운 동사 like나 enjoy를 써서 말하면 대화에 탄력이 붙는다. 이들 동사는 감정이나 생각을 표현하므로 주어는 사람이 된다.

like 좋다

I like the plan.　그 계획 좋은걸.

I like your idea.　네 생각에 찬성이야.

enjoy 재미있다

I enjoy the seminar.　세미나가 재미있어요.

I enjoyed your presentation.　당신 프레젠테이션 좋았어요.

~하게 만드는 동사 surprise, interest 등

'be surprised at(~에 놀라다)'나 'be interested in(~에 관심이 있다)' 같은 표현에 사용되는 surprise, interest는 ~을 놀라게 하다, ~에 관심을 갖게 하다를 의미하는 타동사이다.

이 동사들은 꼭 수동태로 쓰지 않아도 된다. I am surprised at…(나는 ~에 놀랐다)이나 I am interested in…(나는 ~에 관심이 있다) 처럼 수동태로만 쓰지 않고 ~surprises me나 ~interests me처럼 능동태로도 쓸 수 있다.

여기서는 surprise, interest를 비롯하여 '(누군가를) ~하게 하다'로 쓰이는 동사를 소개한다. surprise, interest 등 이러한 동사의 주어는 사물(물리적인 무엇, 추상적인 무엇)도 사람도 될 수 있다.

surprise 놀라게 하다

You surprised me.   앗, 놀랐잖아.

The data surprised the audience.   그 데이터에 청중은 놀랐다.

interest 흥미를 느끼게 하다

Your talk interests me.   당신의 이야기는 매우 흥미롭다.

The new product will interest a wide variety of buyers.
신제품에 다양한 소비자가 흥미를 느낄 것이다.

attract 끌어당기다

The bargain-priced items attract customers.
할인상품으로 손님을 끌어들일 수 있다.

disturb, interrupt 방해하다, 끼어들다

She **disturbs** me at work.   그녀는 업무 중에 나를 방해한다.

She **interrupted** our conversation.   그녀가 대화에 끼어들었다.

irritate, annoy, trouble
짜증나게 하다, 곤란하게 하다

He **irritates** me.   나는 그가 짜증스럽다.

He **annoys** me.   나는 그가 불쾌하다.

He **troubles** me.   나는 그가 곤혹스럽다.

scare 두렵게 하다

He **scared** me.   그 남자, 무서웠어.

Do not scare me.   겁주지 마. (명령문)

반대말 동사 dislike, disable, unveil, unlock, uncover

어떤 동사는 어두에 dis나 un를 붙이면 반대말이 된다. '~하지 않는다'라는 부정의 내용을 표현할 때 반대말 동사를 사용하면 not을 사용한 부정문이 아닌 긍정문으로 만들 수 있다. 긍정문으로 표현하면 문장이 길어지지 않아 더 명쾌하다.

dislike 싫어하다

My parents dislike hospitals. 우리 부모님은 병원을 싫어하신다.
↳ **My parents like hospitals.** 우리 부모님은 병원을 좋아하신다.

He dislikes cats. ⟶ **He likes cats.**
그는 고양이를 싫어한다. 그는 고양이를 좋아한다.

dislike는 like(좋아하다)의 반대말이다. dislike를 사용하면 부정문인 "My parents don't like hospitals."나 "He doesn't like cats." 보다 짧고 명쾌해진다.

disable : 불가능하게 하다

This disables file sharing. 이것으로 파일 공유가 불가능해진다.

↳ **This enables file sharing.** 이것으로 파일 공유가 가능해진다.

disable은 enable(가능하게 하다)의 반대말이다. disable과 enable을 짝지어 사용할 수 있도록 기억해두자.

unveil 공개하다

Company X unveiled a new wearable computer.

X사는 새로운 웨어러블 컴퓨터를 공개했다.

↳ **Company X veiled the new wearable computer in complete secrecy until its announcement.**

X사는 새로운 웨어러블 컴퓨터를 공개 전까지 극비로 하고 있었다.

unveil 은 veil (~을 덮어 감추다)의 반대말이다. unveil 은 '덮개를 벗기다', 즉 '(신제품 등을) 공개하다'라는 의미가 된다.

unlock 잠금해제 하다

The thief secretly entered the shop at night and unlocked the cashbox.
도둑은 밤중에 몰래 가게에 들어가 금고를 땄다.

The shop owner locked the cashbox as usual.
가게 주인은 평소대로 금고를 잠갔다.

unlock은 lock (잠그다)의 반대말이다. 여러 단어를 사용한 "The thief opened the lock of the cashbox. (도둑은 금고의 잠금장치를 열었다)"보다 짧게 표현할 수 있다.

uncover 덮개를 벗기다, 밝히다

We want to uncover the secrets behind their marketing strategies. 그들의 판매 전략의 비밀을 밝히고자 한다.

uncover는 cover(덮다)의 반대말이다. '덮개를 벗기다', 즉 '밝히다'라는 의미로 널리 쓰인다.

다양한 반대말 동사쌍

like 좋아하다	dislike 싫어하다
enable 가능하게 하다	disable 불가능하게 하다
veil 감추다	unveil 드러내다
lock 잠그다	unlock 해제하다
cover 덮다	uncover 덮개를 벗기다, 밝히다
approve 인정하다	disapprove 부인하다, 비난하다
connect 잇다	disconnect 끊다
understand 이해하다	misunderstand 오해하다
interpret 해석하다	misinterpret 잘못 해석하다
lead 이끌다	mislead 잘못된 방향으로 이끌다
read 읽다	misread 잘못 읽다

명쾌 동사 benefit, replace, relocate

'이득을 주다'라는 동사 benefit에 대해 설명하겠다. benefit는 명쾌한 S+V+O 문장을 만들 수 있는 재미난 동사이다.

그 밖에도 S+V+O를 만드는 명쾌한 동사인 replace(대체하다)와 relocate (이동하다)를 소개한다.

benefit 이득을 주다

This work benefits you. 이 일은 당신에게 득이 된다.

This win-win project benefits all concerned parties.
이 상생 프로젝트는 관계자 모두에게 이득을 준다.

명사 benefit

benefit는 혜택, 이익이라는 의미의 명사형으로 잘 알려진 단어이다. 명사로 사용해도 같은 의미의 문장을 만들 수 있다.

The work has benefits for you.

This win-win project provides benefits for all concerned parties.

형용사 beneficial

beneficial이라는 형용사도 있다. 형용사로 사용한 예도 비교해보자.

This work is beneficial for you.

This win-win project is beneficial for all concerned parties.

자동사 benefit

benefit이라는 단어를 동사로 사용할 경우, 앞에서 살펴본 타동사 뜻 외에 자동사 표현도 있다. '이득을 얻다'라는 자동사로 사용하면 다음과 같은 문장이 된다.

You can benefit from this work.

All concerned parties benefit from this win-win project.

살펴본 것처럼 타동사 benefit(이득을 주다)를 사용하면 같은 내용을 명쾌한 S+V+O로 표현할 수 있다. 명사(benefit[s]), 형용사(beneficial), 자동사(benefit)를 사용하는 경우보다 문장이 짧아진다.

replace 대체하다

Smartphones will replace personal computers.
앞으로는 스마트폰이 PC를 대체해 쓰일 것이다.

비교
Smartphones will be used instead of personal computers.

Automation may replace all human labor.
자동화 기계가 모든 인간의 노동을 대체할지도 모른다.

비교
Automation may take the place of all human labor.

replace(대체하다)를 사용하면 be used instead of (~를 대체하여 사용되다)나 take the place of (~을 대체하다) 같은 긴 구문을 쓰지 않고 한 단어로 나타낼 수 있다.

relocate 재배치하다

I must relocate the printer. 프린터 위치를 옮겨야 한다.

비교
I must change the location of the printer.

We will relocate our office to a new building next month.
다음 달에 사무실을 새 건물로 이전한다.

[비교]
We will move the location of our office to a new building next month.

relocate(재배치하다)를 사용하면 change the location of나 move the location of로 길게 쓰지 않고 간단명료하게 표현할 수 있다.

특징과 강조를 표현하는 동사 feature, highlight

사물에 대해 설명할 때, '특징'을 언급하거나 강조하고 싶을 때가 있다. 동사 feature (~한 특징이 있다)와 동사 highlight (~두드러지게 하다, 강조하다)를 소개한다. 이 단어들을 잘 사용하면 S+V+O로 심플하게 표현할 수 있다.

feature 특징을 이룬다

The movie features the beautiful computer graphics.
이 영화는 아름다운 CG 화면이 특징이다.

This product features a compact size.
이 제품은 작은 크기가 특징이다.

highlight 두드러지게 하다

The news highlights the issue facing Japan.
그 뉴스는 일본이 직면한 과제를 분명히 하고 있다.

This highlights the importance of English in your career.
이로써 당신의 업무에서 영어가 중요하다는 것이 분명하다.

Like! 좋은지 싫은지 말하자

'좋다'와 '싫다', 이만큼 단순하게 생각을 전할 수 있는 말도 없다. '좋아한다'를 표현하는 동사 **like**를 가볍게 사용하도록 연습하자.

예시 | 1

"그녀의 세미나는 매우 좋습니다."

Her seminar is very good.

주어, 동사, 목적어를 나열하는 3단어 영어로 고쳐 써보자.

I like her seminar.

예시 | 2

A : 교토에 와보니 어때요?
B : 음식이 맛있어요.

A : **How is Kyoto?**
B : **The food is delicious.**

맛있다를 표현하는 **delicious**라는 단어도 지겨우니 다른 표현을 생각해보자. 좋아한다는 점을 전하는 것이다. 또 교토에 와보니 어떠냐는 질문도 **be** 동사를 쓰지 않고 '교토가 어떻게 좋은지' 물을 수 있다.

A: **How do you like Kyoto?**
B: **I like the food.**
("**I enjoy the food here.**"도 좋다)

예시 | 3

마지막으로 조금 긴 문장이다. '웃는 모습이 멋진 사진이군요'를 영어로 표현해보자. '웃는 모습이 멋진', '사진'이라는 표현에 의외로 발목이 잡혀 좀처럼 입을 떼지 못할지도 모르겠다.

"웃는 모습이 멋진 사진이군요."

The photo is nice with their smiles.

고민 끝에 위 문장처럼 표현했다고 하자. 틀리지는 않았지만 웃는 모습이 멋지다는 느낌이 제대로 전해지는지 미심쩍다. 또 소리 내어 말해보면 문장이 너무 길어서 혀가 꼬일지도 모른다.

I like the photo. I like their smiles.

어렵다면 2문장으로 나누어 3단어 영어를 2회 반복하면 된다. 평이한 문장으로 의사전달이 매끄러워진다.

이처럼 동사 **like**를 사용한 3단어 영어는 발상을 바꾸는 것만으로 간단하게 사용할 수 있다. 꼭 시도해보자.

편리한 동사를 활용하라

3-4

이제부터는 응용 동사를 알아보자. 어렵겠거니 지레 겁먹을 필요는 없다. 응용편에서는 일상 대화뿐 아니라 공식적인 업무에서 사용할 수 있는 동사, 그리고 기본적으로 주어가 사람이든 사물이든 어디에나 평이하게 쓰일 수 있는 구체적이고 명확한 동사를 모았다.

필요 동사 need, require

필요로 하다는 뜻을 전달할 때는 동사 need와 require를 쓴다. 동사 need와 require는 '사람이 무언가를 필요로 하다(사람 주어)'의 경우뿐 아니라 '사물이 무언가를 필요로 하다(사물 주어)'의 상황에서도 쓰인다. 명쾌한 두 동사로 만든 예문을 살펴보며 작은 차이도 알아보자.

need 필요로 하다

I need you.　(친구에게) 나한텐 네가 필요해.

We need you.　(회사를 그만두려는 직원 등에게) 우리에겐 자네가 필요하네.

I need a change.　(예를 들어 퇴사하기로 결정한 직원이) 내겐 변화가 필요해요.

This company needs changes.　이 회사에는 변화가 필요해요.

This company rules needs drastic changes.　사규를 대폭 변경해야 한다.

주어로는 사람, 사물 모두 가능하여 자유롭게 간단한 S+V+O를 만들 수 있다. 전달하는 정보나 어조에 상관없이 자유롭게 쓸 수 있다. 딱딱하고 공적인 문장에서도, 일상 대화에서도 사용할 수 있다.

require 필요로 하다

The windows of this building require cleaning.
이 건물은 창문 청소를 해야만 한다.

Persons in wheelchairs may require assistance.
휠체어를 탄 사람은 도움이 필요할 수 있다.

This requires time.　이건 시간이 걸린다.

The company rules require 8 hours of work per day.
사규에 따르면 하루 8시간 근무해야 한다.

'요구하다'라는 뜻에 기초하여 '필요'를 나타낸다. 주어로는 사람, 사물 어느 쪽이든 쓸 수 있다. 딱딱하고 공식적인 필요, 즉 권리나 권력에 의해 발생하는 필요를 나타낸다.

need와 require의 차이

need는 일상적인 상황부터 공식적인 상황까지 널리 쓰이는 동사이다. require는 공적인 경우, 권리나 권력에 의한 필요를 말하는 맥락에서 사용한다. 단어의 사용법을 보자면, need는 단순히 'X needs Y.(X는 Y를 필요로 한다)'로 사용한다.
반면 require는 'X require Y. (X는 Y를 필요로 한다)'뿐 아니라 'X requires Y to do Z.(X는 Z하는데 Y를 필요로 한다.(요청한다, 요건으로 한다)'로도 쓸 수 있다.

'X requires Y to do Z.' 형태의 문장은 다음과 같이 쓸 수 있다.

The company rules require employees to work 8 hours per day. 사규에 의하면 직원은 하루 8시간 근무해야 한다.

최대·최소 동사 maximize와 minimize

동사 한 단어로 명확하게 표현할 수 있는 maximize(극대화하다, 최대한으로 ~하다)와 minimize(최소화하다, 최소한으로 ~하다)를 살펴보자. 주어로는 사람과 사물 모두 올 수 있다. 간단한 대화부터 공식적인 상황까지 폭넓게 쓰인다.

maximize 최대화하다

I want to maximize the lecture time.
강의시간을 최대한 효율적으로 활용하고 싶다.

This approach will maximize our profits.
이 방법을 사용하면 이익을 최대로 키울 수 있다.

minimize 최소화하다

We need to minimize the material cost.
재료비를 최소한으로 줄일 필요가 있다.

This technique will minimize the manufacturing time.
이 방법을 사용하면 제조시간을 최소화할 수 있다.

사람·사물 주어 모두 활용하여 명쾌한 S+V+O를 만들 수 있다. 일상적 대화부터 공식적인 문장까지 만능으로 쓰인다.

목표 달성에는 achieve

뭔가를 실현하거나 달성한다는 말을 하고 싶다. 실현, 달성이라는 우리말과 마찬가지로 긍정적 느낌을 주는 영어 동사를 쓰려고 한다. 그럴 때 동사 achieve를 쓰면 편리하다. achieve에는 '실현하다'라고 하면 금세 떠오르는 realize보다 긍정적인 뉘앙스가 있어서 쉽게 쓰이고 쉽게 통하는 동사이다.

achieve 실현하다, 달성하다

The company has achieved two-digit growth.
그 회사는 두 자릿수 성장을 실현해왔다.

We achieved our sales targets in this fiscal term.
이번 분기 매출 목표를 달성했다.

위 내용을 realize로 직역하면 오히려 통하기 어렵다.

△ **The company has realized two-digit growth.**

△ **We realized our sales targets in this fiscal term.**

평이하고 간편하게 쓸 수 있는 achieve는 다양한 문맥에서 널리 사용된다.

주어와 목적어를 가리지 않는 편리 동사
allow, permit, enable, cause

허용하다, 가능하게 하다, 야기하다를 나타내는 동사를 소개한다. 이들 동사는 사람 주어든 물리적인 물건이나 추상적인 현상을 드러내는 사물 주어든 어느 쪽이든 가능하다.

allow, permit, enable, cause를 사용하는 방법은 2가지가 있다.

- **사물(현상)을 허용하다, 가능하게 하다, 야기하다**
  사물(현상)을 동사 바로 뒤에 두어 목적어로 사용함으로써 단순하게 표현한다.

- **사람이나 사물이 ~하도록 허용하다, ~가 가능하게 하다, ~을 야기하다**
  사람이나 사물을 동사 바로 뒤에 두고, 그 후 '~하는 것을'라는 부분에 to + 동사를 둔다.

이 동사들의 사용법을 주어가 사람인 경우와 사물인 경우로 나누어 예문으로 익혀보자.

allow, permit, enable, cause
사물(현상)을 허용하다, 가능하게 하다, 야기하다

사람이 주어, 목적어는 사물이나 현상

His parents allowed **his stay** at university.
부모님은 그가 대학에 남는 것을 허락했다.

His parents permitted **his stay** at university.
부모님은 그가 대학에 남는 것을 승인했다.

His parents enabled **his stay** at university.
부모님은 그가 대학에 남을 수 있도록 했다.

His parents caused **his stay** at university.
부모님 때문에 그는 대학에 남게 되었다.

주어와 목적어 모두 사물이나 현상

Medical advances allow **early cancer detection**.

Medical advances permit **early cancer detection**.

Medical advances enable **early cancer detection**.

Medical advances cause **early cancer detection**.
의료의 진보 덕에 암을 조기발견 할 수 있다.

* early cancer detection : 암 조기발견

allow / permit, enable, cause는 각각 의미는 다르지만 모두 주어와 목적어에 다양한 내용을 담을 수 있어 편리한 만능 동사이다.

allow와 permit 는 둘 다 '허용하다'를 뜻한다. 의미는 비슷하지만 permit이 allow에 비해서 딱딱한 표현이며 더 적극적인 허용·허가에 쓰인다. enable은 '가능하게 하다'라는 적극적이고 긍정적인 느낌의 동사이다. 마지막으로 cause는 '야기하다'로 인과관계를 나타낸다. 이 중 어떤 동사든, 구체적인 동작을 표현하는 동사를 찾기 어려울 때나 동사를 직접적으로 쓰지 못할 상황일 때 폭넓게 사용할 수 있어서 편리하다.

또 주어와 동사의 관계가 직접적이지 않을 때도 쓸 수 있다. 예를 들면 앞의 예문 "Medical advances allow early cancer detection." 중에서 명사 detection(발견)을 동사 detect(발견하다)로 바꾸어 "Medical advances detect cancer early. (의료의 진보가 암을 조기발견 한다)"라고 표현하면 어색하다. Medical advances가 직접 cancer를 detect 하는 것이 아니기 때문이다. 실제로 cancer를 detect하는 주체는 '의사 혹은 다른 누군가'이다. 이처럼 주어와 동사의 관계가 직접적이지 않은 경우 allow / permit, enable, cause를 쓰면 편리하다.

allow, permit, enable, cause
사람이나 사물이 ~하는 것을 허용하다 · 가능하게 하다 · 야기하다

주어와 목적어 모두 사람

His parents allowed him to stay at university.
부모님은 그가 대학에 남는 것을 허락했다.

His parents permitted him to stay at university.
부모님은 그가 대학에 남는 것을 승인했다.

His parents enabled him to stay at university.
부모님은 그가 대학에 남을 수 있도록 했다.

His parents caused him to stay at university.
부모님 때문에 그는 대학에 남게 되었다.

사물이나 현상이 주어, 목적어는 사람

Medical advances allow people to live longer.

Medical advances permit people to live longer.

Medical advances enable people to live longer.

Medical advances cause people to live longer.
의료의 진보 덕에 사람은 더 오래 살 수 있다.

사물이나 현상이 주어, 목적어로 사물

Medical advances allow **cancer** to be detected early.

Medical advances permit **cancer** to be detected early.

Medical advances enable **cancer** to be detected early.

Medical advances cause **cancer** to be detected early.
의료의 진보 덕에 암을 조기발견 할 수 있다.

allow to, permit to, enable to, cause to는 틀린 영어

'사람이나 사물이 ~하는 것을 허용하다·가능하게 하다·야기하다'를 표현하는 경우 allow [permit, enable, cause] 바로 뒤에 목적어(사람이나 사물)가 온다. allow [permit, enable, cause] 바로 뒤에 to가 올 수는 없다. 'allow + 목적어(사람 사물) + to …'로 사용하도록 하자.

× **His parents allow to stay at university.**

× **Medical advances allow to live longer.**

올리다와 내리다
increase와 decrease(reduce), raise와 lower

구체적인 동작을 표현하는 동사 increase, decrease, raise, lower를 소개한다. '올리다'와 '내리다'를 뜻하는 동사이다.

increase , raise 올리다

The government will **increase** the consumption tax in a few years.

The government will **raise** the consumption tax in a few years.
정부는 몇 년 후에 소비세를 올릴 것이다.

decrease , reduce, lower 내리다

People rather hope that
    the government **decreases** the consumption tax.
    the government **reduces** the consumption tax.
    the government **lowers** the consumption tax.
국민은 오히려 정부가 소비세를 내리기를 바란다.

동사 increase, decrease 쌍은 '올리다/내리다' 문맥에서 널리 쓰인다. 동사 increase, decrease는 '양'에 대한 문장에서 자주 쓰이지만 그 밖에도 광범위한 각종 상황에서 쓴다. 내리다를 표현하는 동사로 reduce가 있다. reduce는 양보다는 '수준'에 관한 문맥에서 자주 쓰이지만 이 또한 널리 쓰인다. decrease에 비하면 '더 적극적으로 내리다, 삭감하다'라는 의미로 사용한다.

raise와 lower도 '올리다/내리다'를 뜻한다. 이 동사 쌍은 앞의 increase, decrease에 비해서 더 적극적인 표현이다. 이런 느낌을 알기 위해서는 타동사와 자동사를 이해하는 것이 도움이 된다.
앞의 increase, decrease는 타동사이기도 하고 자동사이기도 하다. 즉 '~을 올리다, ~을 내리다' 외에 '(스스로) 올라가다, (스스로) 내려가다'라는 의미도 갖는다.
그러나 raise에는 '~을 올리다'라는 타동사의 뜻뿐이다. lower는 타동사와 자동사의 의미(~을 내리다와 스스로 내려가다)를 모두 갖고 있지만 타동사(~을 내리다) 문맥에서 쓰일 때가 더 많다.

타동사와 자동사의 이해
이 책에서 다루는 3단어 영어에서는 타동사에 중점을 두고 해설하기 때문에 자동사는 거의 다루지 않는다. 하지만 타동사와 자동사를 모두 이해하는 것은 타동사를 효과적으로 사용하기 위해서도 중요하다. 여기서는 raise(타동사)와 rise(자동사) 쌍을 사용해서 타동사와 자동사를 비교해보겠다.

Raise your hand.
손을 드세요.

The sun rises.
해가 뜬다.

타동사 – Raise your hand.

무엇에 대해 무엇이 동작을 하는 동사를 타동사라고 한다. '손을 드세요'라고 말할 때의 "Raise your hand."에서 손(your hand)은 사람에 의한 동작 없이 스스로 올라가지 못한다. '손을 들어야지' 하는 의지를 가지고 사람이 손을 움직여야 비로소 손이 올라간다. 이처럼 raise는 그것 단독으로 어떤 동작을 할 수 있는 것이 아니라, hand라는 다른 명사에 대해서 동작을 수행하는 동사이다. 즉 raise라는 동사는 타동사로만 사용된다.

자동사 – The sun rises.

타동사 raise와 쌍을 이루는 동사인 rise는 자동사이다. '해가 뜨다'라는 문장의 예를 보면 rise의 의미를 잘 이해할 수 있다. 지상에서 보면 태양은 스스로 떠오르는 것으로 보인다. 즉 누군가가 배후에서 어떤 동작을 하지 않더라도 태양은 스스로 저절로 떠오르는 것이다. 이처럼 무언가가 스스로 동작할 때 사용하는 동사를 '자동사'라고 한다.

설명하다와 요약하다
explain, describe, discuss, summarize, outline

'설명하다', '요약하다'라고 할 때 편리한 몇 가지 동사를 소개한다. 사람이 주어인 경우뿐 아니라 사물이나 This(앞의 내용을 가리킨다)를 주어로 하는 경우도 예를 들겠다.

explain 이유를 설명하다

I will explain the purpose of our project.
프로젝트의 목적을 설명하겠습니다.

주어가 사람인 경우다.

Chapter 1 explains the project background.
제1장에 프로젝트의 배경이 설명되어 있습니다.

주어가 사물인 경우다.

explain은 'give reason (이유를 설명하다)'이라는 의미의 '설명'이다. 어떤 주어와 함께인가에 따라 explain이 전하는 의미가 미묘하게 달라지면서 여러 가지 쓰임을 보인다. I가 주어인 경우는 문자 그대로 설명한다는 뜻으로, '상세한 내용을 전달하거나 뒷받침하면서 설명하다'라는 의미가 된다.

주어가 사물인 두 번째 예문의 경우도 마찬가지로 '뒷받침하면서 설명하다'라는 동작이 표현되고 있다.

This explains the popularity of our previous product.
이로써 예전 상품이 인기 있던 이유를 알 수 있다.

위와 같이 주어가 This인 경우, explain이 '이유를 알 수 있다(설명이 되다)'를 표현한다. 즉 '이것이 ~의 이유를 설명한다'라는 의미가 된다. 설명이 되다의 explain은 'give reason(이유를 설명하다)'와도 일맥상통한다.

describe 묘사·설명 하다

I will describe the purpose of our project.
프로젝트의 목적을 설명하겠습니다.

Chapter 1 describes the project background.
제1장에 프로젝트의 배경이 설명되어 있습니다.

describe는 '묘사하다'라는 의미의 설명이다. explain처럼 give reasons (이유를 설명하다)라는 의미의 설명이 아니라 '내용을 담담히 묘사한다'는 정도의 의미이다.

discuss 논하여 설명하다

I will discuss the purpose of our project.
프로젝트의 목적에 대해 설명하겠습니다.

Chapter 1 discusses the project background.
제1장에 프로젝트의 배경이 설명되어 있습니다.

discuss는 '논하다'라는 의미의 설명이다. 논하다, 검토하다, 의논한다는 의미. 설명하다를 의미하는 다른 동사들과 마찬가지로 바로 뒤에 목적어가 온다. 따라서 discuss about는 틀린 표현이다.
또 discuss는 "I will discuss the purpose of our proposal with you."처럼 논의하거나 상담하는 상대를 나타낼 수도 있다.

summarize 요점을 설명하다

I will summarize the purpose of our project.
프로젝트의 목적을 요약하여 설명하겠습니다.

Chapter 1 summarizes the project background.
제 1장에 프로젝트의 배경이 요약되어 있습니다.

summarize는 '요약하여 설명하다'라는 의미이다. 개요를 설명하다·요점을 말하다·요약하다를 뜻한다.

outline 개요를 설명하다

I will outline the purpose of our project.
프로젝트의 목적을 설명하겠습니다.

Chapter 1 outlines the project background.
제1장에 프로젝트의 배경이 설명되어 있습니다.

outline은 '요점을 간추려서 설명하다'라는 의미이다. 대강을 설명한다는 의미이다.

This를 주어로 하여 동사의 의미를 이해한다

앞 문장의 내용을 가리키는 This(이것)를 주어로 사용해보면 explain과 summarize의 느낌 차이를 확인할 수 있다.

This explains everything. 이로써 전부 설명됩니다.

This summarizes his talk. 이로써 그의 이야기의 요점을 알 수 있습니다.

This(앞 문장의 내용을 나타낸다)를 주어로 사용하는 문맥에서 explain은 '설명이 되다'를 표현한다. '이로써 전부 설명이 됩니다', '이로써 전부 알 수 있습니다'라는 의미가 된다. 마찬가지로 summarize도 '요점을 설명하다'를 표현한다. '이로써 그의 이야기의 요점을 알 수 있습니다'라는 의미가 된다.

짧게 전하는 동사
outnumber, outweigh, outperform, double, triple

3단어 영어를 사용해서 짧고 분명하게 표현할 수 있는 재미있고 편리한 동사 2종류를 소개한다.

하나는 out으로 시작하는 동사로, '우세하다', '뛰어나다'라는 의미를 가진 outnumber, outweigh, outperform이다. 또 하나는 double, triple로 각각 '2배로 하다', '3배로 하다'를 나타낸다.

outnumber 수적으로 우세하다

"비원어민이 원어민보다 많다."

The number of nonnatives is greater than the number of natives.

Nonnatives outnumber natives.

out + number로, 수적으로 우세하다는 뜻이다. 동사 한 단어로 명쾌하게 전달된다.

outweigh 무게가 우세하다

"득이 실보다 크다."

The merits are greater than the demerits.

The merits **outweigh** the demerits.

out + weight로, 무게가 더 우세하다는 뜻이다. 명쾌한 이 동사를 사용하면 영문이 간결해진다.

outperform 실적이 우세하다

"작은 회사가 거대 경쟁사보다 좋은 실적을 올리는 일이 있다."

Small companies can achieve better performance than their giant competitors.

　　　　　　　　　　　　　　　＊ giant competitors : 거대 경쟁사

Small companies can **outperform** their giant competitors.

out + perform으로 수행능력이 더 뛰어나다는 뜻이다. 짧게 표현할 수 있고 주어와 목적어만으로 간단하게 쓸 수 있다.

double, triple 2배로 하다/3배로 하다

2배, 3배를 표현하는 double, triple도 편리하다. 문장이 간단명료해진다.

"건물주가 임대료를 2배로 올렸다."

The building owner increased the office rent twice.

The building owner doubled the office rent.

"2000년 이후 회사 매출이 3배로 증가했다."

The company has increased its sales three times since 2000.

The company has tripled its sales since 2000.

5가지 패턴으로 3단어 영어를 만든다

3단어 영어에는 5가지 패턴과 3단계의 기본 스텝이 있다.

패턴1 사람의 동작을 전달한다.
패턴2 사람의 감정을 전달한다.
패턴3 사물의 동작을 전달한다.
패턴4 조건이나 인과관계를 전달한다.
패턴5 앞 문장에 이어서 전달한다.

3단어 영어를 만드는 3단계

3단어 영어를 만드는 각 패턴은 공통적으로 다음 3단계를 거친다.

| ① 전달할 내용을 정리한다 | ② 주어를 정한다 | ③ 동사를 골라 문장을 만든다 |

① 전달할 내용을 정리한다

전달하고 싶은 내용을 3단어 영어에 맞는 문장으로 정리하자. 주어+동사+목적어 형태로 우리말을 고쳐 쓴다. 그때 우리말로는 다소 부자연스러워도 상관없다.

② 주어를 정한다

①에서 정리한 문장에 맞는 주어를 고른다. 사람·사물·동작·This, 이 4가지 중에서 선택하면 된다.

③ 동사를 골라 문장을 만든다

①에서 정리한 문장에 적합한 동사를 ②에서 선택한 주어에 맞추어 고른 뒤 문장을 완성한다.

이 책의 148쪽에 3단어 영어 예문을 만드는 데 사용한 동사를 동사 리스트로 제시하고 있다. 리스트에서 동사를 선택해보자. 먼저 동사 리스트를 살펴본 후 패턴을 활용하기를 권한다.
동사 리스트에서 동사의 의미는 알기 쉽도록 하나씩만 써두었다. 각 동사를 1대 1 대응으로 암기하는 것이 아니라 가능한 한 동사의 이미지를 파악하도록 하자.

패턴 | 1 | 사람의 동작을 전달한다

① 전달할 내용을 정리한다	② 주어를 정한다	③ 동사를 골라 문장을 완성한다
사람이 하는 동작으로서 전달할 수 있는가? ➜ 사람이 동작하다 형태로 만든다.	사람(I, We, You, He, She, They) 중에서 고른다.	• 사람이 하는 구체적인 동작·행위. • 사람이나 사물이 하는 구체적인 동작. • 쉽고 만능인 동사 등.
나중에 그에게 이메일을 보내겠다. ➜ 나는 나중에 그에게 이메일 하겠다.	I	will email him later.
큰 문제가 발생했다. ➜ 우리는 큰 문제에 직면했다.	We	face a big problem.
우리 전략은 변경될 필요가 있다.➜ 우리는 전략을 변경할 필요가 있다.	We	need to change our strategy.
그녀는 경험을 살려서 사람들을 도왔다. ➜ 그녀는 경험을 활용하여 사람들을 도왔다.	She	used her experience to help people.

패턴 | 2 | 사람의 감정을 전달한다

① 전달할 내용을 정리한다	② 주어를 정한다	③ 동사를 골라 문장을 완성한다
놀라다, 흥미를 느끼다, 곤란하다는 감정을 전달하고 싶다면 → 사람이나 사물이 사람을 놀라게 하다, 흥미를 느끼게 하다 등의 형태로 만든다.	사람 또는 사물을 주어로 한다.	사람을 놀라게 하다, 사람에게 흥미를 느끼게 하다.
좋아하다나 싫어하다 또는 즐기다를 전달하고 싶다면 → 사람이 좋아하다나 싫어하다 또는 즐기다 형태로 만든다.	사람을 주어로 한다.	좋아하다, 싫어하다, 즐기다.

"그의 아이디어가 재미있다."

→ 그의 아이디어는 내게 흥미를 느끼게 한다.	His idea	interests me.
→ 나는 그의 아이디어를 좋아한다.	I	like his idea.

"그 풍경에 여행자들은 감동했다."

→ 그 풍경은 여행자들을 감동시켰다.	The scenery	moved the tourists.
→ 여행자들은 그 풍경을 즐겼다.	The tourists	enjoyed the scenery.

패턴 | 3 | 사물의 동작을 전달한다

① 전달할 내용을 정리한다	② 주어를 정한다	③ 동사를 골라 문장을 완성한다
사물에 대해 설명할 수 있다면 → 사물이 동작하다, 또는 상태를 갖는다 형태로 만든다.	사물을 주어로 한다.	• 간단한 만능 동사(사용하다, 가지다 등) • 필요로 하다, 달성하다. • 사람을 놀라게 하다, 사람에게 흥미를 느끼게 하다. • 분명하게 의미를 전달하는 명쾌한 동사 외.
이 복사기에는 팩스 기능이 갖추어져 있다. → 이 복사기는 팩스 기능을 가진다.	This copier	**has** a fax function.
우리의 전략은 변경할 필요가 있다. → 우리 전략은 변경을 필요로 한다.	Our Strategy	**needs** changes.
그 가게에는 일요일에 더 많은 손님이 옵니다. → 그 가게는 일요일에 더 많은 손님을 끕니다.	The store	**attracts** more customers on Sunday.
이 PC는 고화질 컬러디스플레이가 훌륭하다. → 이 PC는 고화질 컬러디스플레이가 특징이다.	This PC	**features** a high-quality color display.

패턴 | 4 | 조건이나 인과관계를 전달한다

① 전달할 내용을 정리한다	② 주어를 정한다	③ 동사를 골라 문장을 완성한다
'~라면 ~가 된다'는 조건을 전달하고 싶다면 → '~라면(~하면)'을 주어로 해서 '~을 일으키다', '~하게 하다' 형태로 만든다.	~라면(~하면) 부분을 동작을 나타내는 동명사(…ing)나 동사의 명사형으로 바꾸어 주어로 한다.	• 사람이나 사물이 하는 구체적인 동작. • 야기하다, 허용하다, 가능하게 하다.
'~에 의해 ~가 된다'는 인과관계를 전달하고 싶다면 → 사람, 사물, 현상이 '~을 일으키다' '~을 가능하게 하다' 형태로 만든다.	사람 또는 사물을 주어로 한다.	
이 단추를 누르면 시동이 걸린다. → 이 단추를 누르는 것이 엔진을 시작시킨다.	Pressing this button	starts the engine.
우리가 더 좋은 커뮤니케이션을 할 수 있다면 관계가 개선될 것이다. → 더 좋은 커뮤니케이션은 우리의 관계를 개선할 것이다.	Better communication	will improve our relationship.
부모님 때문에 그녀는 일본에 머무르게 되었다. → 부모님이 그녀를 일본에 머무르게 한 원인이 된다.	Her parents	caused her to stay in Japan.
새로운 접근을 함으로써 저비용 생산이 가능해진다. → 새로운 접근이 저비용 생산을 가능하게 한다.	The new approach	enables low cost production.

패턴 | 5 | 앞 문장에 이어서 전달한다

① 전달할 내용을 정리한다	② 주어를 정한다	③ 동사를 골라 문장을 완성한다
앞 문장을 받는다면 → '이로써 ~가 된다' '이것은 나(타인)에게 ~이다' 형태로 만든다.	앞 문장을 This로 하여 주어로 한다.	• 쉽고 만능인 동사(사용하다, 가지다 등) • 필요로 하다, 달성하다. • 개요를 설명하다, 요점을 정리하다 설명하다. • 사람이나 사물이 하는 구체적인 동작 등.
이것이 우리가 협의한 것의 요점이 됩니다. → 이것이 우리 협의의 요점을 설명합니다.	This	summarizes our discussion.
이것을 하는 데는 시간이 더 많이 걸립니다. → 이것은 더 많은 시간을 필요로 합니다.	This	requires a longer time.
급여 삭감도 있을 수 있습니다. → 이것은 급여 삭감을 포함할 수 있습니다.	This	can include a pay cut.
이것으로써 상황이 개선되리라고 생각합니다. → 이것이 상황을 개선할 것입니다.	This	will improve your situation.

이제 리스트에서 동사를 골라보자

이 책의 예문으로 등장하는 '3단어 영어'에 사용하는 동사를 정리했다. 주어를 정한 다음에는 이 리스트에서 동사를 골라 문장을 만들어 보자.

각 리스트는 문장을 만들기 쉽도록 동사의 의미와 동사의 특징에 맞추어 분류했다. 또 동사의 성격에 따라 사람과 사물 중 어떤 중이나 목적어를 사용해야 하는 지 사용법을 따로 정리했다. 여기서 말하는 '사람'이란 사람에 준하는 조직(예를 들어 회사나 기관 등)도 포함한다고 이해하면 된다.

주어가 사람

좋아하다, 싫어하다, 즐기다

사용법 ▶ 주어는 사람. 목적어는 각 동사에 맞추어 사람이나 사물.

like	~을 좋아하다
dislike	~을 싫어하다
enjoy	~을 즐기다

사람이 하는 구체적인 동작 · 행위

사용법 ▶ 주어는 기본적으로 사람. 목적어는 각 동사에 맞추어 사람이나 사물.

email	~에게 이메일을 보내다
visit	~을 방문하다
meet	~과 만나다
marry	~과 결혼하다
buy	~을 사다
sell	~을 팔다
plan	~을 기획하다
forget	~을 잊다
teach	~을 가르치다
study	~을 공부하다
attend	~에 출석하다
access	~에 접근하다
read	~을 읽다
misread	~을 오독하다
leave	~에서 떠나다
refuse	~을 거절하다
find	~을 찾다
approve	~을 인정하다

주어는 사람이나 사물, 목적어는 사람

사용법 ▶ 주어는 사람도 사물도 가능함. 목적어는 사람.

surprise	~을 놀라게 하다
interest	~에게 흥미를 느끼게 하다
attract	~을 끌어당기다
move	~을 감동시키다
irritate	~을 짜증나게 하다
disturb	~을 방해하다
interrupt	~에 끼어들다
annoy	~을 불쾌하게 하다
trouble	~을 곤란하게 하다
scare	~을 겁나게 하다

주어는 사람이나 사물

쉬운 만능 동사

사용법 ▶ 주어는 사람도 사물도 가능함. 목적어는 주로 사물.

use	~을 사용하다
have	~을 가지고 있다
include	~을 포함하다
show	~을 보이다
provide	~을 제공하다

평이하고 용도가 넓은 동사

사용법 ▶ 주어는 주로 사물.

| contain | ~을 포함하다 |
| involve | ~을 동반하다 |

야기하다, 허용하다, 가능하게 하다

사용법 ▶ 주어는 사람도 사물도 가능함. 목적어는 자유롭게(사람, 사물, 동작 등) 사용.

cause	~을 야기하다
allow	~을 허용하다
permit	~을 허가하다
enable	~이 가능하게 하다
disable	~을 불가능하게 하다

필요로 하다, 달성하다

사용법 ▶ 주어는 사람이나 사물.

require	~을 필요로 하다
need	~을 필요로 하다
achieve	~을 달성하다

개요를 설명하다, 요점을 정리하다, 설명하다

사용법 ▶ 주어는 사람도 사물도 가능함. 목적어는 사물.

outline	~의 개요를 설명하다
summarize	~의 요점을 정리하다
explain	~을 설명하다
describe	~을 설명[묘사]하다
discuss	~에 대해 의논하다

올리다와 내리다

사용법 ▶ 주어는 사람도 사물도 가능함. 목적어는 사물.

cut	~을 삭감하다
reduce	~을 줄이다
raise	~을 올리다
lower	~을 내리다
increase	~을 늘리다
decrease	~을 줄이다

분명하게 의미를 전달하는 명쾌 동사

사용법 ▶ 주어는 문맥에 따라 사람도 사물도 가능함.

outnumber	~보다 수가 많다
outweigh	~보다 무게가 나가다
outperform	~보다 실적이 뛰어나다
double	~을 2배로 하다
triple	~을 3배로 하다
feature	~이 특징이다
highlight	~을 강조하다
benefit	~에 이득을 주다
replace	~을 대체하다
relocate	~을 재배치하다
approach	~에 접근하다
maximize	~을 최대로 하다
minimize	~을 최소로 하다
identify	~을 특정하다
clarify	~을 분명하게 하다
determine	~을 결정하다

사람이나 사물이 하는 구체적인 동작

사용법 ▶ 주어는 문맥에 따라 사람도 사물도 가능함.

start	~을 시작하다
open	~을 열다
save	~을 절약하다
skip	~을 건너뛰다
send	~을 보내다
lose	~을 잃다
bring	~을 데려가다
help	~을 돕다
hit	~을 치다[타격하다]
treat	~을 다루다
touch	~을 만지다
guide	~을 안내하다
pass	~을 통과하다
fail	~에 실패하다
face	~에 직면하다
shift	~을 옮기다
enter	~에 들어가다
reach	~에 도달하다
lead	~을 이끌다
mislead	~을 잘못된 방향으로 이끌다
reject	~을 거절하다

accept	~을 받아들이다
answer	~에 대답하다
join	~에 참가하다
revise	~을 개정하다
move	~을 옮기다
change	~을 바꾸다
delete	~을 삭제하다
develop	~을 개발하다
explore	~을 탐구하다
interpret	~을 해석하다
improve	~을 개선하다
place	~을 두다
assemble	~을 조립하다
veil	~을 덮어 감추다
unveil	~을 공개하다
lock	~을 잠그다
unlock	~을 잠금해제하다
cover	~을 덮다
uncover	~을 밝히다
connect	~을 연결하다
disconnect	~을 단절하다
surround	~을 감싸다
complete	~을 마치다

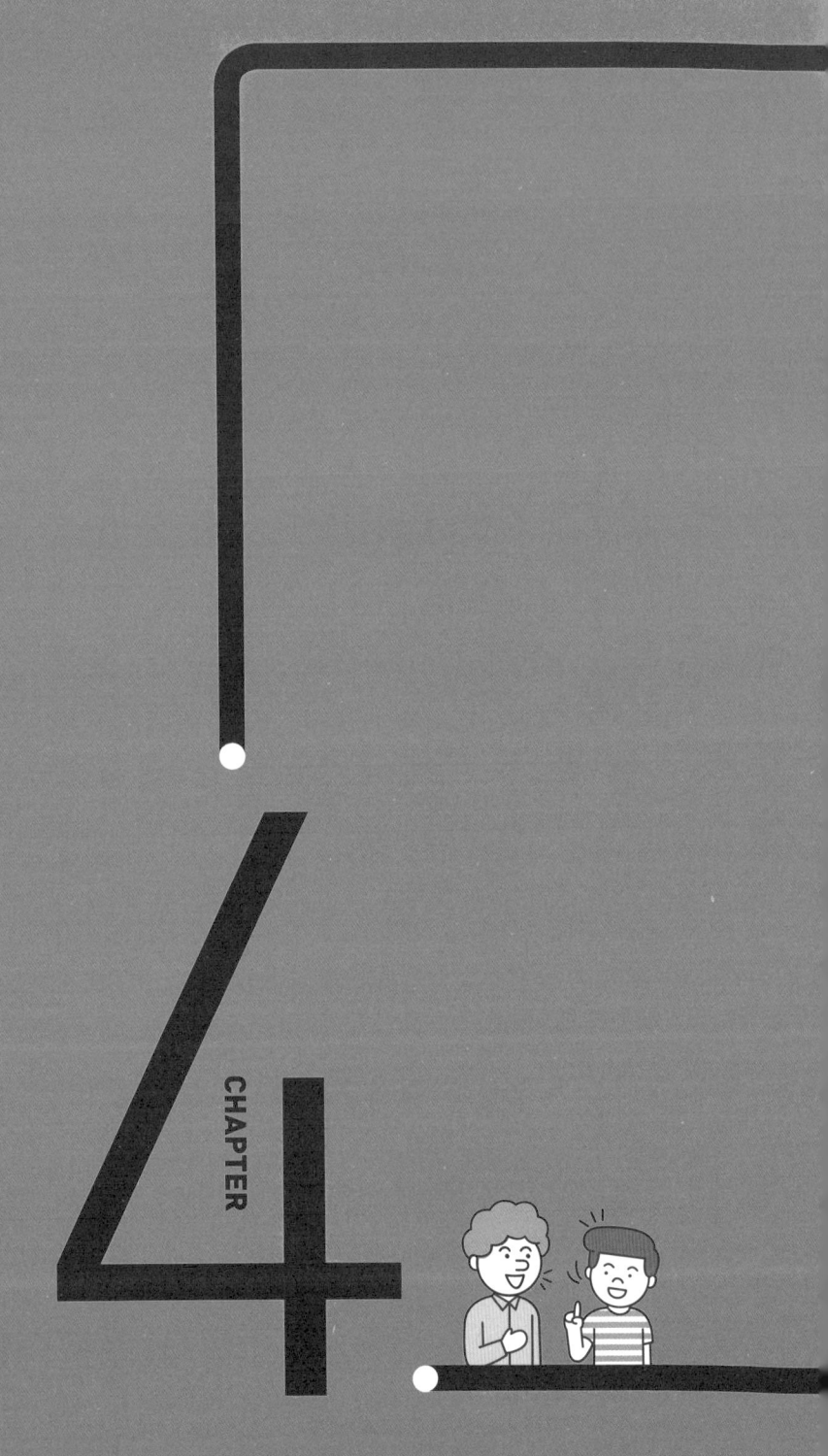

CHAPTER 4

3단어 영어에 정보를 더한다

이 장의 내용

- 현재형으로 느낌 싣기
- 현재완료형으로 느낌 싣기
- 조동사로 느낌 싣기
- 조동사의 과거형으로 느낌 싣기
- 부사로 정보 싣기
- 전치사로 정보 싣기
- 분사와 관계대명사로 정보 싣기
- 관계대명사의 계속적 용법으로 정보 더하기

3단어 영어를 만들 수 있게 되었다면 목적에 맞게 문장을 조정해보자.
우선 3단어 영어에서 중요한 요소인 '동사'의 느낌 차이를 이해하자.
구체적으로 시제와 조동사를 사용하는 법을 익히면
3단어 영어를 더욱 강력하고 효과적으로 바꿀 수 있다.
나아가 부사, 전치사, 분사, 관계대명사 등 정보를 더할 때 쓸 수 있는
품사를 이해하면 3단어 영어에 원하는 정보를 더해갈 수 있다.
이런 사항을 알아두면 3단어 영어를 기초로 미묘한 느낌을
조절하거나 더 많은 정보를 전달할 수 있게 된다.

현재형으로
느낌 신기

4-1

동사는 그 의미와 함께 시간의 개념인 '시제'도 드러낸다. '~한다'라고 하면 현재형, '~했다'는 과거형이나 현재완료형이 된다. '동사의 동작'과 '때'가 함께 드러나는 것이다.

영어의 시제에는 현재형과 과거형, 현재진행형과 과거진행, 현재완료형과 과거완료형, 미래완료형 그리고 현재완료진행형과 미래완료진행형까지 종류가 많다. 그래서 어렵게 느끼는 사람도 많을 것이다.

하지만 가장 중요한 것은 '현재'를 중시하고 '현재'에 초점을 맞추어서 의사소통을 하는 것이다. 따라서 이 책의 3단어 영어에서는 현재형을 바르게 이해하는 것부터 시작한다. 다음으로는 역시 '현재'에 초점을 맞춘 시제인 현재완료형을 이해하도록 하자.

현재형은 시간에 매이지 않는다

현재형은 대단히 흥미진진한 시제이다. 제일 간단해 보이지만 사실은 매우 심도 깊은 시제다. 어느 영어 원어민에게 현재형에 대해 물어본 적이 있는데 "영어의 현재형은 시간의 개념이 없다." "현재형은 시간에 매이지 않는다." 하고 답하기도 했다. 우리는 현재형이 현재, 지금을 나타낸다고 학교에서 배웠다. 그런데 시간의 개념이 없다니, 무슨 소릴까?

말하자면 현재형이란 지금 이 순간을 나타내는 것이 아니라 '지금을 둘러싼 주위'를 나타낸다고 이해할 수 있다. 특정 시각에 한정하는 것이 아니라 어떤 것을 보편적인 개념으로서 전달한다. 예문을 보자.

I teach English. 영어를 가르칩니다.

I like teaching simple English to everyone.
간단한 영어를 모든 이들에게 가르치는 것을 좋아합니다.

Simple English changes your life. 간단한 영어는 당신의 인생을 바꿉니다.

위 예문들은 특정 시간에 한정된 내용이 아니라 예전에도 지금도 앞으로도 바뀌지 않(을 것으로 여겨지)는 보편적인 사실을 나타낸다. 다른 시제와 비교해보면, 보편적인 사실을 말하는 현재형을 사용할 때 상대가 더 관심을 갖게 되고 원활하게 의사소통이 이루어질 수 있다. 또 현재형을 사용하면 3단어 영어를 사용하여 바르고 명료한 문장을 만들 수 있다.

현재진행형 vs 현재형

"우리 회사는 자동차 부품을 판매하고 있습니다."

Our company is selling auto parts.

"우리 회사는 자동차 부품을 판매하고 있습니다. 현재는 말이죠……." 라는 의미가 되어 의도한 내용과 다르게 전달될 수 있다.

시제를 바꾸어보자.

Our company sells auto parts.

"우리 회사는 자동차 부품을 판매합니다. 언제나."라는 의미이다.

> **현재진행형과 현재형의 차이**
> - 현재형은 현재를 둘러싼 주위를 표현한다. 늘 그런 것, 보편적인 것이다.
> - 현재진행형은 지금 이 순간 진행 중인 동작을 나타낸다. 즉, 일시적으로 지금만 그런 것을 뜻한다.

현재진행형

현재형

과거형 vs 현재형

"이 PC에 문제가 있었어. 새 PC가 필요해."

This PC had problems. I need a new PC.

첫 번째 문장은 '이 PC에는 문제가 있었다. 하지만 지금은 어떤지 모른다'라는 의미가 된다. 다음 문장 '새 PC가 필요해'와 자연스럽게 이어지지 않는다.

시제를 바꾸어보자.

This PC has problems. I need a new PC.

'이 PC는 문제가 있다. 그래서 새 PC가 필요하다'라는 의미로, 지금에 초점을 맞추어서 자연스럽게 문장이 이어진다.

우리말로는 '여기 문제가 있었어'와 '여기 문제가 있어'가 크게 달라 보이지 않을 수 있지만 영어의 현재형과 과거형은 현재와 관계가 있는가 없는가에 따라 결정적으로 다르다. 과거형은 지금과는 분리된 것, 이제 더는 관계없는 것을 표현한다.

과거형과 현재형의 차이

- 영어의 과거형은 그것이 1분 전이든 100년 전이든 현재와는 단절된 것을 가리킨다. 즉 이미 끝난 일, 이제 더는 관계 없는 것이라는 느낌을 준다.
- 현재형은 지금 현재를 나타낸다. 현재 문제가 되는 것, 해결해야 하는 것, 현재 관심이 있는 것이다. 현재형은 보편적인 사실을 나타내는 중요한 시제이다.

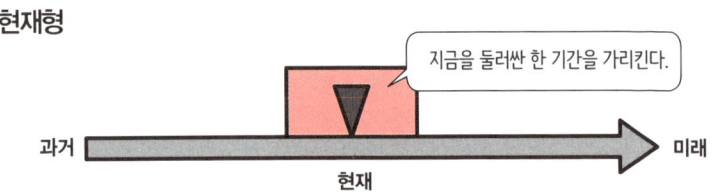

POINT

현재형은 지금을 둘러싼 한 기간을 가리킨다. 또 보편적인 사실도 나타낸다.
현재형을 활용하면 생생하게 소통할 수 있다.

현재완료형으로 느낌 심기

4-2

현재형에 이어서 현재에 초점을 맞추는 시제로 현재완료형이 있다. 현재완료형을 이해하고 능숙하게 쓰면 현재에 중점을 둔 문장을 만들 수 있어서 의사소통에 유용하다.

현재완료형과 과거형의 차이는?

현재완료형은 우리로서는 이해하기 어려운 시제일지도 모른다. 명칭인 '현재완료형'의 '완료'라는 말이 이 시제를 이해하는 데 오히려 방해가 되기도 한다.

정확히 말하면 현재완료형에서는 동사의 동작이 완료되지 않은 상태이다. 현재완료형은 오히려 그 동사가 표현하는 동작이 지금 이어지고 있으며, 현재도 효과를 만들어내고 있다는 점을 표현한다. 현재완료형은 과거부터 현재까지를 한 번에 다 드러내는 시제다. 과거에 발생한 일이 지금까지 이어지고 있는 것, 과거에 생긴 일이 현재도 효과를 발생시키고 있는 것을 나타내서, 과거에 생긴 일을 현재와 이음으로써 현재에 초점을 맞추는 시제이다.

그와 달리 동작이 이미 완료되었음을 나타내는 시제는 과거형이다. 과거형은 완료된 동작이 '현재와 단절되어 있음'을 표현하기 위해 사용한다. 즉 현재와는 끊어진 것, 이제 더는 관계없는 것을 표현한다. 현재완료형과 과거형을 비교해보자.

"간단한 영어가 내 인생을 바꿨다."라는 말을 영어로 옮길 때 다음 두 가지 표현(시제)을 생각할 수 있다.

Simple English changed my life.
　　　　　　　　과거형

Simple English has changed my life.
　　　　　　　　　　현재완료형

현재완료형은 'have+동사의 과거분사형 (여기서는 changed)'으로 표현한다.

과거형을 사용한 "Simple English changed my life."는 과거의 한 점을 표현한다. 즉 현재와는 단절된 일을 담담하게 말하고 있다.

Simple English changed my life.

이 문장은 내 인생이 바뀌었다(과거의 일)는 의미가 된다.

한편 현재완료형을 사용한 "Simple English has changed my life." 는 과거의 한 점에서부터 그 후 지금까지 계속 효과를 발휘하고 있음을 뜻한다.

Simple English has changed my life.

즉, 내 인생이 달라지기 시작했고, 계속해서 달라지고 있다. 지금도 효과를 발휘하고 있다.

이처럼 현재완료형은 현재를 강조하면서 과거에 일어난 일을 나타낼 수 있다. 즉 현재완료형을 사용하면 과거가 아닌 현재에 초점을 맞추어 의사소통을 할 수 있게 된다. 꼭 활용해보자.

현재완료형의 사용 예

I have not eaten lunch.
점심 안 먹었어. (그래서 빨리 먹고 싶어 등 현재의 상황과 관련된다)

We have started the lesson.
레슨을 시작했다. (지금도 계속해서 하고 있다)

The company has developed high-speed video cameras.
이 회사는 고속 비디오카메라를 개발하고 있다. (과거에 개발을 시작했고 지금도 하고 있다)

과거형과 비교해보자.

I did not eat lunch.
점심 안 먹었어. (그게 뭐?)

We started the lesson.
수업을 시작했다. (현재에 대해서는 언급하지 않음)

The company developed high-speed video cameras.
그 회사는 과거에 고속비디오카메라를 개발했다. (지금은 어떤지 모른다)

POINT

현재완료형은 과거에 일어난 일을 현재와 연결하는데 '현재'에 초점을 맞추어 표현한다. 현재완료형은 그 명칭과는 달리 완료된 행위가 아니라 현재도 효과를 발휘하고 있는 행위를 표현한다. 한편 과거형은 현재와는 관련 짓지 않는 표현이다. 완료된 동작을 표현한다. 현재완료형을 바르게 이해하고 쓸 수 있게 되면 현재와 연관시켜 표현할 수 있어서 효과적으로 커뮤니케이션할 수 있다.

시제는 딱 3가지면 된다

시제를 이해한다

현재형, 과거형, 현재완료형이라는 3가지 시제를 쓸 수 있다면 3단어 영어의 시제는 충분하다. 간단한 예문을 사용해서 3개 시제의 차이를 느껴보자.

He loves me.
He loved me.
He has loved me.

현재형은 보편적 사실

He loves me.
그는 나를 사랑한다.

지금 이 순간, 과거, 미래 등 특정 시간에 한정되지 않는다. 그는 보편적으로 나를 사랑하고 있다.

현재완료형은 완료되지 않은 것, 과거형은 완료된 것

He has loved me.

그는 나를 사랑하고 있다.

시간축이 보인다. 어느 특정한 과거의 한 시점부터 그는 나를 사랑하기 시작했다. 그리고 지금도 그는 나를 계속 사랑하고 있다. 이 시제의 특징은 과거부터 현재까지 그가 나를 사랑하고 있다는 것을 현재에 초점을 맞추는 것이다.

He loved me.

그는 나를 사랑했다

시간이 끊어져 있다. 그게 5년 전이든 한 달 전이든 아니면 몇 시간 전이든 그가 나를 사랑한 것은 과거의 일이고 그 사랑은 이미 끝났다.

3가지 시제를 이해했다면 시제 공부는 끝내도 된다. 대부분의 내용을 3가지 시제로 표현할 수 있다.

또 다른 시제를 고려해볼 수 있는 경우라도 오히려 이 3가지 시제만 사용함으로써 틀리지 않고 평이하게 그리고 상대가 이해하기 쉽게, 전달하고 싶은 내용을 표현할 수 있다(263쪽).

조동사로 느낌 싣기

조동사란 무엇인지 물어보면 흔히 '동사를 도와주는 것'이라고 대답한다. 하지만 사실 조동사는 동사를 돕기보다 어떤 의미에서 동사를 방해하고 있다고 할 수 있다. 동사의 현재형이 사실을 단정해서 표현하는 데 반해 조동사는 필터처럼 동사가 표현하는 사실의 명료함을 조절하는 역할을 한다. 그 필터에는 말하는 이의 생각이 실린다. 조동사의 기능을 살펴보자.

조동사는 동사의 필터다

He helps me. 그는 나를 도와준다.

동사 help가 사실을 단정하여 말하고 있다. 시제 부분에서도 언급했던 것처럼 동사의 현재형은 보편적인 사실을 나타낸다. 즉, 그는 언제나 나를 도와준다는 보편적인 사실을 전달하는 뉘앙스가 된다.

여기에 조동사를 더해보자.

He will help me.
He can help me.
He may help me.

각각의 차이점을 느껴보라.

He will help me.
　　그가 도와줄 것이라고 나는 생각한다.

He can help me.
　　그가 나를 도와줄 수 있다고 나는 생각한다. 즉 그가 나를 도와줄 가능성이 있다고 생각한다.

He may help me.
　　그가 나를 도와줄지도 모른다.

그는 나를 도와준다는 보편적 사실에 화자의 확신이나 예측을 표현하는 필터가 더해져 will → can → may로 변화할수록 확신의 정도가 약해지고 있다. 이처럼 화자의 생각을 전달하는 것이 조동사의 역할이다.

조동사가 표현하는 '생각'은 문맥에 따라 전달하는 내용이 달라진다. 대표적인 조동사 can, may, will, must, should의 의미는 아래 표와 같이 각각의 기본적 의미를 이해할 수 있다. 문맥에 따라 기본적 의미에서부터 확대되어 다양한 뜻을 나타낸다.

예를 들어 can은 문맥에 따라 '가능'에서 '능력, 가능성, 허가'로 의미가 넓어진다.

can	가능	~하는 것이 가능하다
		~가 일어날 가능성이 있다
		의미의 확대 : 능력, 가능성, 허가
may	허용	~해도 좋다
		~해도 이상하지 않다
		의미의 확대 : 허가, 가능성
will	의지	꼭 ~하겠다
		~가 틀림없이 일어날 것이라고 생각한다
		의미의 확대 : 의지, 미래, 추정, 습성
must	필연	반드시 ~ 해야만 한다
		~이어야만 한다
		의미의 확대 : 의무, 확신이 있는 추정
should	권장	~하는 것이 좋다
		분명 ~일 것이다
		의미의 확대 : 필연에 기초한 추량, 권장

여기서 주의해야 할 것은 예를 들어 '능력의 can'이라고 생각하며 조동사 can을 사용했는데 듣는 사람이 가능성의 의미로 이해할 수도 있다는 것이다.

우리는 편의상 구분해서 정의를 내리지만 능력이든 가능성이든 결국은 같은 것을 말하고 있다는 점을 기억하자. 능력의 can, 가능성의 can이라는 식으로 구분 지어 생각하면 잘못 말하거나 표현하고자 하던 느낌과 다르게 이해되는 경우가 있으니 주의해야 한다.

다음 문장에서 확인해보자.

He can help me.
<u>능력의 can? 가능성의 can?</u>

그의 '능력'을 표현하는 걸까, 아니면 일어날 수 있는 '가능성'을 표현하는 걸까? 어느 쪽으로 해석해도 이 문장이 전하고자 하는 내용의 본질은 동일하다. 그런데 이것을 능력의 can이다, 가능성의 can이다 하고 구분해 생각하다보면 혼란과 오해를 낳는다.

조동사가 전달하는 '확신'과 '의무'

첫째, 조동사는 '생각'을 전달한다. 둘째, 각 조동사에는 기본적 의미가 있다. 이 두 가지 본질을 이해했으면 이제 실제로 조동사를 어떻게 사용하면 좋은지를 살펴보자. 조동사가 표현하는 '느낌'은 현실적으로는 '확신' 또는 '의무'의 문맥에서 사용하는 경우가 많다.
따라서 조동사를 바르게 사용하기 위해서는 각 조동사의 뉘앙스를 이해하는 동시에 각 조동사가 표현하는 확신과 의무의 강도가 어느 수준인지 제대로 파악해야 한다.

확신의 정도(~일 것이다)를 전달한다

He must help me.
He will help me.
He should help me.
He can help me.
He may help me.

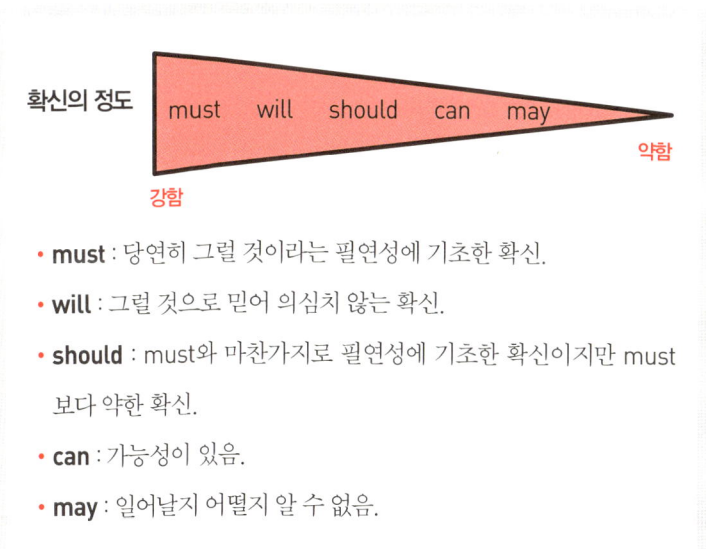

- **must** : 당연히 그럴 것이라는 필연성에 기초한 확신.
- **will** : 그럴 것으로 믿어 의심치 않는 확신.
- **should** : must와 마찬가지로 필연성에 기초한 확신이지만 must 보다 약한 확신.
- **can** : 가능성이 있음.
- **may** : 일어날지 어떨지 알 수 없음.

의무(마땅히 ~해야 한다)를 표현한다

He must help her.
He should help her.

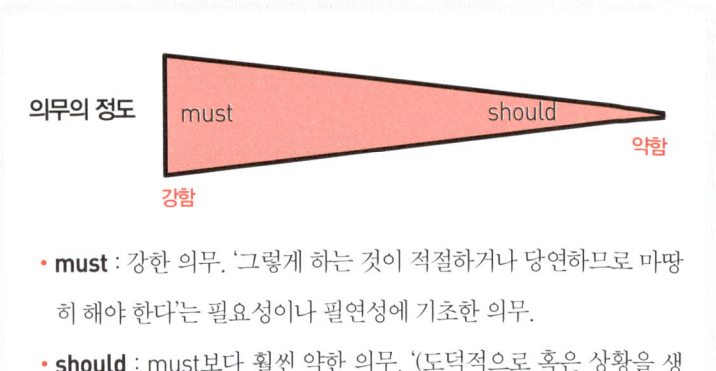

- **must** : 강한 의무. '그렇게 하는 것이 적절하거나 당연하므로 마땅히 해야 한다'는 필요성이나 필연성에 기초한 의무.
- **should** : must보다 훨씬 약한 의무. '(도덕적으로 혹은 상황을 생각하면) ~가 올바르다'를 의미함. 의무의 문맥에서는 '~하는 것이 좋다' 정도의 뉘앙스.

have to, had better와의 비교

'~해야만 한다'를 표현하는 must와 자주 비교되는 표현으로 have to(~하지 않으면 안 된다)가 있다. 또 '~하면 좋다'라는 뜻의 should와 비교되는 표현으로 had better(~하는 편이 좋다)가 있다. 이 표현들의 차이를 알아두자.

You must help her.　그녀를 도와라.
You have to help her.　그녀를 도와야만 해.
You should help her.　그녀를 도와주지 그래?
You had better help her.　그녀를 도와주지 않으면 곤란해질 거야.

have to는 '상황이 그렇게 시킨다'는 의미이다. must가 '그렇게 하는 것이 적절하거나 당연하므로 마땅히 그렇게 해야 한다'는 필요성이나 필연성에 기초한 의무를 나타내는 반면, have to는 '그럴 수밖에 없는 상황이니 해야만 한다'는 의무를 표현한다. 즉 "You have to help her."는 필요한 상황이니 도와줘야만 한다는 의미가 된다. 따라서 have to의 사용은 의도가 어긋나지 않도록 주의할 필요가 있다.

had better는 뭔가와 비교해서 '더 좋다'라는 표현이다. 즉 '그렇지 하지 않으면 바람직하지 않은 결과가 된다'는 의미이다. "You should help her."가 '(도덕적 또는 상황을 고려했을 때) ~하는 것이 옳다'는 생각이 밑바탕에 깔려 있는 데 반해, had better는 다른 선택지보다는 이쪽을 선택하는 것이 마땅하다는 더 절박한 상황을 표현한다. 또 had better는 그런 절박감 때문에 명령하는 느낌을 줄 수 있으므로 윗사람에게는 쓰지 않도록 주의해야 한다.

POINT

조동사는 동사에 '생각'을 더하는 것이다. 각 조동사 can, may, will, must, should의 의미를 이해하고 조동사가 표현하는 '확신'과 '의무'의 정도를 이해한다.

4-4 조동사의 과거형으로 느낌 싣기

조동사는 '생각'을 표현하는 것이라고 설명했다. 조동사와 관련해서 좀 더 알아두어야 할 것이 '조동사의 과거형'이다. will의 과거형 would, can의 과거형 could, may의 과거형 might가 대표적이다.

조동사의 과거형을 쓰면 정중한 표현, 공손한 표현이 된다고 배운 기억이 나는가? 조동사의 과거형이 어째서 정중함을 표현하는 걸까? 왜 조동사의 과거형을 사용하면 공손한 표현이 되는 걸까? 그 해답은 조동사 과거형의 바탕이 되는 가정법이라는 문법에 있다.

이해의 열쇠는 가정법

가정법은 '만약 ~였다면 ~였겠지'라는 가정을 나타낸다. 엄밀하게는 가정법 과거라고 불리는, if절에 과거형을 사용하여 현재와는 다른 가정을 나타내는 문법이다. 예를 들면 다음과 같다.

"만약 내가 너라면 회사를 그만둘 텐데."

If I were you, I would leave the company.

그리고 가정법은 '내가 너라면'이라는 현실에는 있을 수 없는 가정뿐 아니라 충분히 있을 수 있는 가정, 이를테면 다음과 같은 상황에도 쓰인다.

"만약 월급이 이대로 오르지 않으면… "

If the salary remained the same, I would leave the company.

"만약 올해 회사 실적이 나쁘다면… "

If the company underperformed this year, I would leave the company.

* underperform : 실적이 나빠지다.

여기서 '만약 ~라면'을 표현하는 if절을 없애도 조동사의 과거형에 가정법의 뉘앙스가 남는다.

I would leave the company.   (만약 ~했다면) 회사를 그만둘 텐데.

이처럼 조동사의 과거형은 가정법의 뉘앙스를 남긴 채 단독(단문)으로 사용한 것, 즉 가정법을 사용한 문장인 "If I were you,"라는 조건절을 삭제한 것이라고 생각할 수 있다.

그렇다면 조동사의 과거형을 사용한 문장과 일반적인 조동사를 사용한 문장을 비교해보자.

조동사의 과거형과 비교

I will leave the company. 회사를 그만둘 것이다.

I would leave the company. (만약 ~라면) 회사를 그만둘 것이다.

일반적인 조동사와 비교하면, 조동사의 과거형을 사용한 문장은 가정법에 의해 의미가 달라졌다는 것을 알 수 있다. 몇 가지 다른 조동사의 경우도 살펴보자.

I may leave the company. 회사를 그만둘지도 모른다

I might leave the company. (만약 ~라면) 회사를 그만둘지도 모른다

I can leave the company. 회사를 그만둘 수 있다

I could leave the company. (만약 ~라면) 회사를 그만둘 수도 있다

조동사의 과거형 could는 조동사의 과거형 중에서 유일하게 과거의 의미도 표현할 수 있다. 즉 "I could leave the company."는 '나는 회사를 그만둘 수 있었다'라는 과거형의 의미로도, '(만약 ~였다면) 회사를 그만둘 수도 있다'라는 가정법의 의미로도 이해할 수 있다. 2가지 중 어떤 뜻으로 쓴 것인지 혼동되지 않도록, could를 사용할 때는 특히

주의가 필요하다.

이처럼 조동사의 과거형은 가정법의 뉘앙스를 남기며 원래의 조동사보다 낮은 가능성, 또는 현재와는 조건이 다른 경우를 가정한다. 즉 would, might, could는 각각 will, may, can보다 낮은 가능성을 말하거나 조건이 다른 경우를 가정한 것이다.

'혹시 괜찮으면'이라는 가정에 의한 정중 · 공손 표현

가정법을 이해하면 조동사의 과거형이 '정중', '공손'을 나타내는 이유를 알 수 있다.

문맥을 바꾸어 예문을 살펴보자. 이번에는 의문문이다.

Will you email me later? 나중에 이메일 보낼 거지?

Can you email me later? 나중에 이메일 보낼 수 있어?

조동사의 차이(171쪽)에 의해 Will you…?와 Can you…?는 다른 의미를 표현한다. 조동사 will은 의지(강한 의지)를 나타내므로 Will you…?는 "나중에 이메일 보낼 거지?"처럼 강하게 느껴진다. 한편 조동사 can은 가능을 나타내므로 "할 수 있어?"나 "해줄래?"같은 뉘앙스이다.

위 문장의 조동사를 과거형(가정법의 형태)으로 바꾸어보자.

Would you email me later? 나중에 이메일 보내주시겠어요? (혹시 가능하시면)

Could you email me later? 나중에 메일 보내주시겠습니까? (혹시 된다면)

이처럼 조동사의 과거형은 '~해줄래?'라는 의문문에 가정법 '혹시 ~라면'의 의미가 더해져 완곡한 표현이 된다. 이 때문에 조동사 과거형이 정중, 공손한 표현이라고 하는 것이다.

POINT

조동사의 과거형은 가정법의 뉘앙스를 남긴다. 즉, '혹시 ~라면'이라는 조건이 숨어 있는 것이다. 조동사 과거형의 would, could, might는 각각 will, can, may에 비해 낮은 가능성을 표현하며 현실과는 다른 가정의 이야기를 전달한다.
의문문에서 would, could를 사용하면 '혹시 가능하다면'이라며 상대를 배려하는 정중하고 공손한 표현이 된다.

will과 would의 차이

조동사 will은 '강한 의지'

Will you marry me?
결혼해주세요.

대표적인 청혼 문구인 이 표현은 상대에게 "**Yes!**"를 기대한다.

Will you marry me? 결혼해줄 거죠?
Yes. 좋아요.

이런 상황일 것이다.
여기서는 강한 의지를 표현하는 **will**을 사용한다. 그러나 다른 조동사인 **can**을 사용하면 이상한 뉘앙스가 된다.

Can you marry me? 나랑 결혼할 수 있겠어요?

과거형 would는 '혹시 가능하면'

한편 **will**을 조동사의 과거형을 사용해 표현하면 어떤 뉘앙스가 될까?

Would you marry me?　혹시 결혼해주실래요?

가정법을 살려 바꾸어 말하면 이런 얘기다. "혹시 조건이 허락하면 결혼해주실래요?" 청혼하기에는 너무 공손한 표현이 아닐까?

Would you...?를 사용한 공손한 청혼은 과연 효과적일까? 분명하게 "**Will you marry me?**(결혼해줄 거죠?)"라고 말하는 편이 "**Yes!**"라는 대답을 들을 가능성이 높아질 것이다.

조동사 **will**이 가진 강한 힘과 과거형 **would**를 쓸 때의 느낌 차이가 느껴지는가?

부사로 정보 싣기

4-5

이제부터는 3단어 영어에 정보를 더해가는 방법을 살펴보자. 먼저 '부사'에 대해 알아본다. 부사란 '명사 이외의 것을 수식하는 것'이라고 거칠게 정의할 수 있다. 동사를 수식하는 방법, 그리고 문장 전체를 수식하는 방법을 살펴보자.

여기서는 특히 '-ly'라는 형태의 부사를 다룬다. 예를 들면 quickly (빨리), actively(활발히), interestingly(흥미롭게), surprisingly(놀랍게) 등이다.

부사가 형용사와 다른 점은 무엇인가?

형용사는 명사를 수식하는 것이다. 예를 들어 형용사인 quick(빠르다)는 a quick response(빠른 응답)처럼 명사 response를 수식한다. 한편 부사는 명사 이외의 것을 수식하는데, 예를 들면 "quickly respond to your request. (당신의 요청에 빠르게 응답하다)"처럼 동사를 수식할 수 있다. 또 "Quickly, he responded to your request.(그는 당신의 요청에 빠르게 응답했다)"처럼 문장 전체를 수식할 수도 있다.

부사로 동사를 수식한다

부사를 사용해 동사를 수식할 수 있다. 예문을 통해 살펴보자.
먼저 부사를 사용하지 않는 3단어 영어이다.

"그는 내 질문에 대답했다."

He answered my question.

여기에 부사 quickly를 더해보자.

He answered my question quickly. 그는 내 질문에 재빨리 대답했다.

고작 한 단어를 보태어 '재빨리'라는 정보를 더할 수 있다. 즉 동사부분에 정보를 추가하는 것이 가능하다.

부사의 위치를 수식하는 대상에 가깝게 두는 것이 오해를 만들지 않는다. 위 예문도 문장 끝에 두지 않고, 수식하려는 동사의 앞에 둘 수 있다.

He quickly answered my question.

이처럼 동사 앞에 부사를 두면 더 명확하게 동사를 수식할 수 있다.

"우리는 주제에 대해 논의할 것이다."

We will discuss the theme.

부사를 더한다.

We will actively discuss the theme.
우리는 주제에 대해 적극적으로 논의할 것이다.

이 예문 역시 부사를 더함으로써 표현의 폭이 넓어지고 동사에 정보가 추가되었다.

부사로 문장 전체를 수식한다

다음은 부사를 사용하여 문장 전체를 수식하는 경우를 살펴보자. 앞에서 부사란 명사 이외의 대상을 수식하는 것이라고 했다. 문장 앞에 부사를 두면 문장 전체를 수식할 수 있다.
여기서는 문장 전체를 수식하는 부사를 사용해서 흔히 쓰는 긴 문장을 3단어 영어로 바꾸는 방법을 설명한다.

"간단한 영어로 인생을 바꿀 수 있다는 것을 아는 것은 흥미로운 일이다."
영어로 흔히 이렇게 말한다.

It is interesting to know that simple English can change your life.
↳ 땡! 너무 복잡하다!

문장 전체를 수식하는 부사를 사용해서 문장을 고쳐 쓰자.

Interestingly, simple English can change your life.
흥미롭게도, 간단한 영어로 인생을 바꿀 수 있다.

메시지가 쉽게 전해진다.

다른 예문으로 연습해보자.
"놀랍게도 그는 부장의 제안을 거절했다."
아마 이렇게 말할 것이다.

It is surprising that he refused the manager's proposal.
└→ 땡! 너무 복잡하다!

흔히 쓰는 It is…that 구문을 부사를 사용해 간단하게 바꾸자.

Surprisingly, he refused the manager's proposal.

이처럼 부사를 활용하면 3단어 영어의 원칙을 지키면서 정보를 더할 수 있다. 꼭 시도해보기 바란다.

POINT

부사는 명사 이외의 대상을 수식한다. 동사 또는 문장 전체를 수식하는 부사를 효율적으로 사용하면 3단어 영어를 최대한 살리면서 정보를 더할 수 있다.

긴 문장은 부사로 줄여라

편리한 부사 successfully로 '해냈다'를 표현한다

편리한 부사 **successfully**(성공리에)를 소개한다. 부사 **successfully**를 활용하면 조동사 과거형 **could**를 사용하지 않고도 **successfully**+**did**로 성공한 것을 표현할 수 있다.

"그는 대학입시에 합격할 수 있었다."

흔히 하는 영작 ① could를 사용하여 표현한다

He could pass the university entrance examination.
　↳ 명료하지 않다.　　　그는 대학입시에 합격할 수 있었을 것을 …

'조동사의 과거형' 항목에서 조동사의 과거형은 가정법 '혹시 ~하면'의 뉘앙스를 남긴다고 했다(P150 참조). 여기서 could를 사용하면 실제로 그가 대학입시에 합격했다는 얘긴지, 좀 '더 열심히 했더라면 합격했을 텐데'라는 의미인지 모호해진다.

흔히 하는 영작 ② 동사 succeed+ing를 사용한다

He succeeded in passing the university entrance examination.
　↳ 복잡하다!

성공하다를 표현하는 동사 **succeed**를 사용하려는 사람도 있을지 모른다. 주의할 것은 **succeed**를 사용해서 '~하는 것에 성공하다'라고 말하려면 **succeed in** …**ing** 라고 표현해야 한다. 즉, 동사 부분이 복잡해지는 동시에 실수가 생기기 쉬워진다.

이럴 때 부사 **successfully**를 써보자.

He successfully passed the university entrance examination.
그는 대학입시에 합격할 수 있었다.

'대학입시에 합격했다(**pass**)'라는 사실에 초점을 맞추어 명쾌하고 간단하게 표현했다. 이처럼 편리한 부사 **successfully**로 3단어 영어를 최대한 살리면서 성공했다는 사실을 나타낼 수 있다.

전치사로 정보 싣기

4-6

전치사는 명사와 다른 단어 간의 관계를 표현한다. 잘 쓰면 명사와 다른 말과의 관계를 시각적으로 드러낼 수 있어서 편리하다. 또한 전치사를 사용해서 3단어 영어에 정보를 더할 수 있다. 예를 살펴보자.

"우리는 주제에 대해 논의할 것이다."

We will discuss the theme.

전치사를 사용해서 '다음 미팅(the next meeting)'이라는 정보를 더해보자.

전치사의 의미를 파악하자

We will discuss the theme at the next meeting.
다음 미팅에서 주제에 대해 논의할 것이다.

We will discuss the theme during the next meeting.
다음 미팅동안 주제에 대해 논의할 것이다.

We will discuss the theme in the next meeting (November 11 to 13). 다음 미팅(11월 11일부터 13일 개최)에서 주제에 대해 논의할 것이다.

We will discuss the theme for the next meeting.
다음 미팅용 주제에 대해 논의할 것이다.

We will discuss the theme of the next meeting.
다음 미팅의 주제에 대해 논의할 것이다.

We will discuss the theme on education at the next meeting.
다음 미팅에서, 교육에 관한 주제에 대해 논의할 것이다.

이처럼 전치사 하나로 theme와 next meeting의 관계가 바뀐다.
at은 포인트를 가리키고, 미팅'에서'라는 의미가 된다.
during을 사용하면 기간의 뉘앙스가 생긴다. 미팅 '기간 동안', 미팅을 할 때라는 의미가 된다.
in은 '넓은 장소나 긴 기간 중에'라는 의미이다. 미팅이 조금 긴 기간 동안 개최된다는 것을 드러낸다.
for은 '방향성'을 나타낸다. '미팅용의'이라는 의미가 된다.
of는 '소속'이나 '소유' 등 관계를 넓게 표현한다. 위 예문에서는 '미팅의 주제'라는 의미가 된다.
on은 기본적으로 접촉을 표현한다. 뭔가에 직접 달라붙어 관련되어 있다는 의미가 된다. 여기서는 the theme on education (교육에 관한 주제)라는 의미다. on 뒤에 education (교육)이라는 단어를 추가했다.

그림으로 기억하는 전치사

전치사마다 핵심이 되는 이미지가 있다. 핵심 이미지로부터 시작해 문맥에 따라 의미가 확대된다. 3단어 영어에 의미를 더하기 위해 알아두면 좋은 전치사를 소개한다.

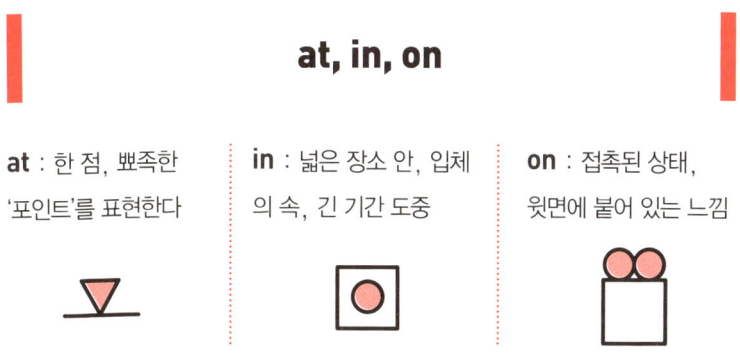

at : 한 점, 뾰족한 '포인트'를 표현한다

in : 넓은 장소 안, 입체의 속, 긴 기간 도중

on : 접촉된 상태, 윗면에 붙어 있는 느낌

He met her at Kyoto terminal. 그는 그녀를 교토 역에서 만났다.

He first met her in Kyoto. 그는 그녀를 교토에서 처음 만났다.

He met her on the train to Kyoto.
그는 그녀를 교토로 가는 열차 안에서 우연히 만났다.

at은 교토역이라는 지점을 표현한다. in은 교토라는 넓은 장소를 표현한다. on은 열차(바닥)과 닿아있음에 주목한다.

from, to, for

from : 시발점 | to : 방향과 도달점 | for : 도달점을 향해 가는 방향(도달점은 포함 하지 않는다)

I brought a gift from my hometown. 고향에서 선물을 가져왔다.

I sent a gift to you. 너에게 선물을 보냈다.

I have a gift for you. 네게 줄 선물이 있다.

from을 사용해서 선물의 시발점을 나타낸다. to를 사용해서 너를 향해 보냈다는 것을, 그리고 그것이 너에게 도달한다는 것을 표현한다.

for는 '도달할지 아닐지는 몰라도(즉, 네가 받아줄지 아닐지 모르지만) 너에게 주는 선물이 있다'는 것을 나타낸다. "I have a gift for you." 대신 "I have a gift to you."라고 표현할 수도 있다. 그 경우 '너에게 주는 선물이 있어. (꼭) 받아줘'라는 뉘앙스가 된다.

during

during : 기간 동안 내내 또는 일부

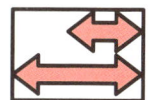

He studied English during the day.
그는 낮 동안 영어를 공부했다.

during은 어느 기간 내내라는 의미와 그 기간의 일부라는 2가지 의미를 가지고 있다.

over, under, above, below

over : 위에 있는 '면'의 이미지
(접촉된 상태를 가리키기도 한다)

above : 기준보다 위에 있는 '점'의 이미지

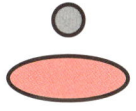

under : 아래에 있는 '면'의 이미지
(접촉된 상태를 가리키기도 한다)

below : 기준보다 아래 있는 '점'의 이미지

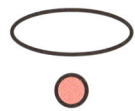

She placed a blanket over the sleeping girl.
그녀는 자고 있는 소녀에게 담요를 덮어주었다.

She placed her bag under the seat.
그녀는 의자 아래에 가방을 두었다.

She placed her bag into the shelf above her head.
그녀는 머리 위 선반에 가방을 넣었다.

She had a scar just below the left eye.
그녀는 왼쪽 눈 밑에 흉터가 있었다.

over와 under는 각각 위, 아래에 존재하는 '면'의 이미지가 된다. 한편 above와 below는 무언가를 기준으로 위나 아래에 있는 '점'의 이미지이다.

across, through

across : 한쪽 편에서 맞은편까지, 양쪽

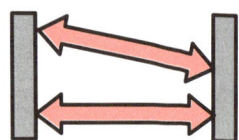

through : 통과해가다

The two ladies faced each other across the table.
두 여성은 탁자 양쪽에 마주앉았다.

They walked through the shopping mall.
그들은 쇼핑몰을 걸어지나갔다.

across는 한 편에서 다른 편까지, 양쪽이라는 의미로 '탁자를 사이에 두고', '탁자 양쪽으로 마주보다'라는 뜻이 된다. through는 통과해 빠져나가는 것을 나타낸다.

between, among

between : 낱개인 둘 사이

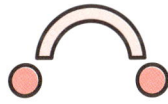

among : 셋 이상 무리 중에

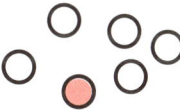

This will change the relationship between you and me.
이것이 나와 당신의 관계를 바꿀 것이다.

He won the prize. He was among the six winners this year.
그는 올해의 수상자 여섯 사람 중 하나이다.

between은 낱개인 둘 사이를 표현하고 among은 무리 중에 있는 것을 표현한다. between에서는 관계가 있는 낱개가 두드러진다. among은 낱개에는 초점이 맞추어지지 않는다.

before, after

before : ~의 전에

after : ~의 다음에

I must complete my homework before Friday.
금요일 이전에 숙제를 끝내야 한다.

I will complete my homework after Friday.
금요일 이후에 숙제를 끝내겠다.

until, by

until : (계속해서) ~까지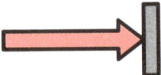

by : (기한이) ~까지

He studied English until the next morning.
그는 다음날 아침까지 영어를 공부하고 있었다.

He must complete his English homework by the next morning.
그는 다음날 아침까지 영어 숙제를 끝내야만 한다.

in front of, behind

in front of : ~앞에   **behind** : ~ 뒤에

I will meet you **in front of** the cafe.   카페 앞에서 만나자.

I will meet you **behind** the cafe.   카페 뒤에서 만나자.

of

of : 소속, 소유, 속성 등 다양한 의미에서의 관계
(원래 의미는 '~로부터 분리되어')

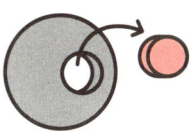

I used a spoonful **of** sugar in my tea.
홍차에 설탕을 한 스푼 넣었다.

by, with

by : '수단' 또는 '동작의 주체'를 나타낸다. (원래 의미는 '옆에')

with : '가지고 있다', '사용하여'를 나타낸다. (원래 의미는 '함께')

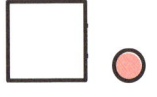

I visited my friend by car. 차를 타고 친구를 찾아갔다.

I assembled the plastic model with a screwdriver.
드라이버를 사용해 프라모델을 조립했다.

by 뒤에 교통수단인 car(차)를 두었다. '한 대의 차'가 아니라 '교통수단으로서 이용하는 차'를 말하는 것이어서 관사 a가 빠진다. with는 사람이 사용하는 '물건, 도구'에 사용한다. with a screwdriver가 되며 by screwdriver나 by a screwdriver라고는 하지 않는다.

POINT

전치사는 명사와 다른 단어의 관계를 표현하는 것이다. 잘 사용하면 관계를 시각적으로 드러낼 수 있다. 각 전치사의 이미지를 파악한 다음 확장된 의미에도 주의를 기울이면 좋겠다.

머릿속을 투명하게 보여주는 명사와 전치사

영어의 명사는 많은 정보를 전달한다

기본적으로 영어는 우리말에 비해 정보를 구체적으로 전달하는 언어이다. 일례로 "나는 친구와 오키나와에 갔다."라고 할 때 우리말은 이걸로 완성된 표현이다. 하지만 이 문장을 영어로 한다면 다음 2가지가 가능하다.

I went to Okinawa with my friend. (친구 한 명과)

I went to Okinawa with my friends. (두 명 이상의 친구와)

이어서 '그 친구가 슈리조 성에 가보고 싶다고 했다'라고 말할 때 우리말은 '그 친구'로 족하지만 영어로 할 때는 그 시점에서 인원뿐 아니라 성별까지 말해야 한다.

즉, "**The friend(s) said the friend(s) wanted to visit Shuri-jo Castle.**"이라고 **friend**를 계속 사용하는 것은 부자연스럽다. 다음 중 어느 경우인지를 선택해야 한다.

She said she wanted to visit Shuri-jo Castle.
(친구 한 명, 여성)

He said he wanted to visit Shuri-jo Castle.
(친구 한 명, 남성)

One of my friends said she wanted to visit Shuri-jo Castle.
(둘 이상의 친구 중 한 명, 여성)

One of my friends said he wanted to visit Shuri-jo Castle.
(둘 이상의 친구 중 한 명, 남성)

They said they wanted to visit Shuri-jo Castle.
(둘 이상의 친구 모두 가고 싶어 함)

이처럼 영어에서는 명사에 관해서 수(단수인가 복수인가)뿐 아니라 사람의 성별 같은 구체적인 정보까지 전달해야 한다. 즉, 영어는 머릿속에 어떤 장면을 그리고 있는지가 구체적으로 보이는 언어이다.

전치사도 머릿속을 보여준다

머릿속에 어떤 이미지를 그리고 있는지 알게 되는 항목이 또 하나 있다. 전치사이다. 표현을 비교해보자.

다음 영문이 말하는 장면은 학교이다. 수업을 시작할 때 선생님이 "오늘은 교과서 10쪽입니다."라고 말하는 상황이다. 전치사 **from**을 사용한 경우와 **at**을 사용한 경우를 비교해보자.

Let's begin from page 10 today.

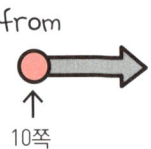

Let's begin at page 10 today.

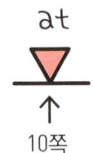

여기서는 선생님이 오늘 수업 '진도를 얼마나 나갈지'가 보인다. "**Let's begin from page 10 today.**"는 10쪽부터 시작해서 쭉쭉 진도를 나갈 생각임을 알 수 있다. 한편 "**Let's begin at page 10 today.**"은 진도에는 상관없이 10쪽을 찬찬히 공부할 것이라는 예측도 할 수 있다.

from은 기점을 표현하기 때문이다.

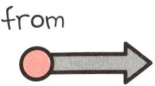

한편 **at**은 포인트를 가리킨다.

이처럼 영어의 전치사는 단 한 단어로 화자가 무엇을 생각하고 있는지 상세한 정보를 전달하는 유용한 품사이다. 영어의 명사와 전치사를 바르고 효과적으로 사용하면 의사소통이 더 명확해진다.

4-7 분사와 관계대명사로 정보 싣기

명사에 정보를 더하고 싶을 때는 2가지 문법을 활용할 수 있다. 바로 '분사'와 '관계명사'이다. 미팅(meeting)이라는 명사에 대해 분사와 관계대명사를 사용해서 '1월에 개최된다'는 정보를 더해보자.

"1월에 개최되는 다음 미팅의 주제에 대해 논의한다."

분사를 사용하면,
We now discuss the theme for the next meeting held in January.

관계대명사를 사용하면,
We now discuss the theme for the next meeting that will be held in January.

분사나 관계대명사라는 단어가 나오니, 문법은 골치 아프다며 인상을 쓰고 있을지도 모르겠다. 하지만 겁먹을 필요는 없다. 그저 '명사에 정보를 더하는 것'일 뿐이라고 생각하면 좋겠다. 또 분사나 관계대명사라고 하면 뒤에서부터 앞으로 수식하는 것이라고 알고 있는 사람이 많을 것이다. 다음과 같이 말이다.

the next meeting held in January

the next meeting that will be held in January

틀린 생각은 아니지만 문장의 진행방향을 '뒤에서 앞으로' 간다고 생각하면 영어 문장을 만들기가 어려워진다.

앞에서 뒤로 정보를 더해나간다!

기본적으로 영어는 앞에서부터 문장을 이해해가는 것이다. 앞에서부터 계속해서 정보를 더해간다고 생각하면 된다. 분사나 관계대명사도 뒤에서 앞으로 되돌아가는 것이 아니라, 앞에서 뒤로 나아가면서 정보를 더한다고 생각하면 그리 어렵지 않다. 다음과 같이 이해하자.

the next meeting held in January

the next meeting that will be held in January

한 번에 이해할 수 있는 길이로 끊은 다음, 앞에서부터 뒤로 영어를 이해하면서 작문한다. 다음과 같이 하는 것이다.

We now discuss the theme	주제에 대해 논의한다.
for the next meeting	다음 미팅의
held in January.	그것은 1월에 열린다.

We now discuss the theme	주제에 대해 논의한다.
for the next meeting	다음 미팅의
that will be held in January.	그것은 1월에 열릴 예정이다.

분사와 관계대명사를 이처럼 앞에서부터 이해하면 3단어 영어에 정보를 더하는 것이 쉬워진다.

분사와 관계대명사, 각각 어떻게 쓸까?

다음은 분사와 관계대명사의 차이를 생각해보자. 정보를 더하기 위해 둘 중 무엇을 사용하면 좋은지, 또 각각의 장점은 무엇인지도 알아두면 편리하다.

- **분사를 사용해야 할까 관계대명사를 사용해야 할까**
  담고 싶은 정보의 '양(길이)'에 맞추어 결정하면 좋다. 더하는 정보가 짧을 때는 분사, 길 때는 관계대명사를 사용하면 알기 쉽게 설명할 수 있다.

- **분사의 장점**
  짧고 틀리는 경우가 적다. 현재분사나 과거분사 형태를 만들어서 명사를 능동적, 또는 수동적으로 설명한다.

- **관계대명사의 장점**
  능동적 설명 또는 수동적인 설명에 쓰이며 시제도 나타낼 수 있다. 또 설명하기 전에 잠깐 한숨 돌릴 수 있어서 긴 설명도 가능하다.

분사와 관계대명사를 비교하면서 차이를 확인해보자.

the next meeting held in January 분사
the next meeting that will be held in January 관계대명사

분사의 장점은 짧고 간단하게 정보를 더할 수 있다는 것이다. 설명부분의 held in January가 직전의 the next meeting을 직접 꾸며주어 간결하게 전달할 수 있다.

반면 관계대명사는 that will be held로, 동사가 등장하게 된다. 관계대명사의 장점은 일반적인 문장처럼 동사(be held)를 사용해서 차분하게 정보를 더할 수 있다는 것이다. 동사가 등장하기 때문에 시제도 함께 드러난다. 위의 예처럼 조동사 will을 사용하기도 하고 현재형이나 과거형 시제를 쓸 수도 있다.

또 관계대명사를 사용하는 경우 문장을 받아들이는 쪽에서는 관계대명사의 앞, 즉 that 앞에서 잠시 숨고르기를 할 수 있다. 그래서 문장이 다소 길어져도 문제가 없다. 분사와 관계대명사의 규칙도 이해하고 기본적인 사용법도 익혀보자.

…ing 현재분사와 …ed 과거분사

분사에는 현재분사와 과거분사가 있다. 명사 바로 앞이나 바로 뒤에 놓여 명사에 정보를 더한다. 현재분사는 동사에 ing를 붙이는 형태로, '~하다', '~하고 있다'처럼 능동적인 의미를 나타낸다. 과거분사는 동사에 ed를 붙이는 형태(규칙변화의 경우)로, '~되었다', '~되고 있다'처럼 수동적인 의미를 표현한다. 예문을 통해 알아보자.

현재분사 : ···ing, 능동적

We now discuss key themes   주요 안건에 대해 토의한다.
　　　　　including branding and leadership.
　　　　　　　브랜딩과 리더십을 포함한다.(안건을)

과거분사 : ···ed, 수동적

We now discuss key themes   주요 안건에 대해 토의한다.
　　　　　proposed by the council.   위원회에 의해 제안되었다.(안건을)

관계대명사, 두 문장의 관계를 만드는 대명사

같은 예문을 관계대명사를 사용해서 나타내보자.

We now discuss key themes 주요 안건에 대해 토의한다.
　　　　　that(또는 which) include branding and leadership.
　　　　　　　브랜딩과 리더십을 포함한다.(안건을)

We now discuss key themes 주요 안건에 대해 토의한다.
　　　　　that(또는 which) have been proposed by the council.
　　　　　　　위원회에 의해 제안되었다.(안건을)

분사에 비해 관계대명사는 동사 부분을 상세하게 표현하기에 시제도 나타낼 수 있다. 예를 들면 that(또는 which) have been proposed처럼 현재완료형으로 표현할 수도 있다.

관계대명사를 확실히 이해하기 위해서 이들 문장의 구성에 대해서도 알아두면 좋다. 관계대명사는 그 명칭대로 두 문장을 관계 짓는 '대명사'라고 생각할 수 있다. 즉 다음 두 문장을 연결하는 것이다.

첫 번째 문장…   **We will discuss key themes.**
두 번째 문장…   **The themes include branding and leadership.**

또는

The themes have been proposed by the council.

예문의 밑줄 친 부분이 두 문장의 공통부분이다. 두 번째 문장의 공통부분을 관계대명사 that(또는 which)으로 바꾸면 관계대명사를 사용한 문장이 완성된다.

We will discuss key themes
    that include branding and leadership.

두 번째 문장의 The themes를 관계대명사 that(또는 which)으로 바꾼다.

We will discuss key themes
    that have been proposed by the council.

두 번째 문장의 The themes를 관계대명사 that(또는 which)으로 바꾼다.

중요한 것은, 공통부분(설명하려는 명사)을 관계대명사로 바꾸기만 하면 된다는 점이다. 그 밖에는 아무것도 더하지도 빼지도 않는 것이 관계대명사를 바르게 사용하는 포인트다.

관계대명사의 종류

마지막으로 관계대명사의 종류를 확인해두자. 관계대명사의 종류는 다음의 표와 같다. 설명을 덧붙일 명사가 사람인가 사람이 아닌가에 따라 달라진다.

관계대명사의 종류(한정적 용법의 경우)

	주격	소유격	목적격
사람	who 또는 that	whose	whom 또는 that
사람 이외	which 또는 that	whose	which 또는 that

* 이 표의 관계대명사는 한정적 용법에 사용되는 경우이다. 한정적 용법과 계속적 용법의 차이에 대해서는 213쪽에서 설명한다

앞에서는 주격 관계대명사를 보여주었는데, 관계대명사로 치환되는 부분이 두 번째 문장의 주어인가 소유인가 목적어인가에 따라 주격 관계대명사, 소유격 관계대명사, 목적격 관계대명사로 구별되어 쓰인다. 아래 예문으로 확인해두자.

주격 관계대명사

We will discuss key themes that have been proposed by the council. 위원회에 의해 제안된 주요 안건에 대해 논의하겠다.

"The themes have been proposed by the council."의 주어인 the themes를 관계대명사 that(또는 which)으로 바꿨다.

소유격 관계대명사

We will discuss key themes whose details have been described by the council.
위원회에 의해 상세한 사항이 설명된 주요 안건에 대해 논의하겠다.

"Their details have been described by the council."의 소유를 나타내는 말인 their를 관계대명사 whose로 바꿨다.

목적격 관계대명사

We will discuss key themes that the council has proposed.
위원회에 의해 제안된 주요 안건에 대해 토의한다.

"The council has proposed the themes."의 목적어인 the themes를 관계대명사 that(또는 which)로 바꿨다.

POINT

명사에 정보를 더하는 데는 분사나 관계대명사가 이용된다. 짧은 설명에는 분사, 긴 설명에는 관계대명사를 사용하면 좋다. 분사에는 능동적인 의미의 현재분사(…ing)와 수동적 의미의 과거분사(…ed)가 있다는 것을 이해하자. 관계대명사는 두 문장을 관계 짓는 대명사라는 점을 명심하자.

관계대명사의 계속적 용법으로 정보 더하기

관계대명사에는 한정적 용법, 계속적 용법이라는 두 가지 사용법이 있어서 어렵게 느껴질 수 있다(이 책에서는 한정과 계속이라고 부르겠다). 형태상 콤마(,)가 있는가 없는가의 차이가 있는데 전달하는 의미도 달라진다. 과연 관계대명사의 한정, 계속이란 무엇인지 확실히 알아보자.

한정적 용법은 필수 설명, 계속적 용법은 추가 설명

I study subjects that(또는 which) **interest me.**   관계대명사의 한정

I study the subjects, which interest me.   관계대명사의 계속

두 문장은 의미상 어떤 차이가 있을까? 형태상으로는 콤마를 사용한다, 안 한다가 다를 뿐이다. 하지만 표현하는 상황은 크게 달라진다.

한정적 용법에서는 관계대명사를 이용해 덧붙인 설명이 그 문장에

필수적인 내용이다. 즉 관계대명사 뒷부분을 삭제하면 문장의 뜻이 성립하지 않는다.

계속적 용법에서는 관계대명사로 덧붙인 설명이 그 문장에 추가적인 사항이다. 즉, 관계대명사절의 정보를 삭제해도 영어 문장이 성립한다. 추가적 설명을 삭제하고 남는 부분이 전체 문장에서 전달하고자 하는 내용이다.

즉, 위의 두 문장은 다음 의미를 나타낸다.

- 나는 재미있다고 생각한 교과목을 선택해서 공부하고 있다.
  (관계대명사의 한정)

- 나는 특정 교과목을 공부하고 있다. 그리고 그것은 재미있다.
  (관계대명사의 계속)

한정적 용법에서는 그 밖에도 여러 가지 교과목이 있지만 흥미를 느낀 것을 선택해서 공부하고 있다고 말하고 있다. 반면 계속적 용법에서는 특정 교과목을 공부하고 있다는 것이 전달하고자 하는 주 내용이다. 이 문장에서 가리키는 교과목 외의 다른 것은 언급되지 않는다. 또 그것이 재미있다는 정보는 '참고로 말하는데' 정도의 추가 정보이다.

한정·계속에 사용하는 관계대명사의 종류

이번에는 계속과 한정에 사용하는 관계대명사의 종류에 대해 설명하겠다.

계속적 용법에 사용되는 관계대명사

	주격	소유격	목적격
사람	who	whose	whom
사람 이외	which	whose	which

앞에서 소개한 한정적 용법의 관계대명사와 비교하면 계속적 용법에서는 that이 사용되지 않는다는 점을 알 수 있다. which와 that 사이에서 불필요한 혼란을 피하기 위해 계속에는 which/who/whom, 한정에는 that 이라는 식으로 확실하게 구분해 쓰는 방법도 있다. 구체적으로는 다음과 같이 구분하여 쓴다.

한정에는 that, 계속에는 which로 구분해 쓰는 방법

I study subjects that interest me. 관계대명사의 한정

I study the subjects, which interest me. 관계대명사의 계속

편리한 관계대명사 · 계속적 용법

관계대명사의 한정과 계속의 차이는 이쯤으로 설명을 마치고 계속적 용법에 대해 좀 더 알아보자.

관계대명사의 계속적 용법 ',(콤마) which'는 '참고로, 덧붙이면'과 같은 말로 시작하는 정보를 더한다. 이 표현에는 다음과 같은 장점이 있어서 편리하게 쓸 수 있다.

> **첫째, 이유를 느슨하게 표현하는 데 편리하다.**
> **둘째, 참고 정보를 차분하게 덧붙이기에 편리하다.**

because를 사용하여 '~이기 때문에 ~이다'라고 말하고 싶은 부분에 관계대명사의 계속적 용법이 쓰인다. 구두로 말할 때는 계속적 용법의 콤마 부분에서 잠깐 쉬면 좋다.

이유를 느슨하게 표현하는 데 편리하다

"나는 영어를 공부한다. 왜냐하면 영어는 국제어이기 때문이다."

I study English because English is an international language.

국제어라는 점이 영어를 공부하는 분명한 이유가 될 수 있는지 모호하다. 영어의 because는 강한 인과관계를 나타내기 때문에 이런 우리말식 논리가 '비약'으로 느껴질 수 있다.

여기서 관계대명사, 계속적 용법이 등장한다.
"I study English." "English is an international language."라는 두 문장을 접속사 because가 아니라 관계대명사, 계속적 용법을 사용해서 이어보자.

먼저 설명한 대로 공통부분인 두 번째 문장의 English를 이 두 문장을 관계 짓는 대명사인 which로 잇는다. 계속의 형태인 ', which'를 사용한다. because를 사용하여 인과관계를 나타내는 대신 관계대명사의 계속적 용법을 쓰면 느긋하고 자연스럽게 말할 수 있다.

I study English, which is an international language.
나는 영어를 공부하고 있다. 영어는 국제어니까.

이로써 인과관계가 느슨하고 자연스럽게 표현된다.

참고 정보를 느긋하게 덧붙이는 데도 편리하다.

"그의 방에 들어갔더니 방이 어질러져 있었다."

I entered his room, and found that his room was messy.

문장이 복잡하다. 관계대명사 계속적 용법을 쓸 때다.

I entered his room, which was messy.

which 앞에서 느긋하게 한 박자 쉬고 말하기 바란다. 관계대명사의 계속적 용법을 사용하면 콤마 앞부분이 주요 정보이고, 콤마 뒷부분인 ', which was messy'는 문장의 보조 정보가 된다. 주요 정보를 3단어 영어로 만들어 두면 통하기 쉬운 3단어 영어를 유지하면서 보충 설명을 추가할 수 있게 된다.

관계대명사의 계속적 용법을 잘 사용할 수 있다면 단어 수를 줄여도 무리 없이 내용을 전달할 수 있다. 3단어 영어에 정보를 추가하는 응용 문장이니 꼭 시도해보자.

POINT

관계대명사의 한정적 용법과 계속적 용법을 이해한다. 한정(that이나 which로 콤마 없이)은 필수 설명, 계속(, which)은 추가 설명이다. 계속적 용법을 자유롭게 사용하면 이유를 느긋하게 전달하고 추가 정보를 더함으로써 3단어 영어를 강화할 수 있다.

매끄러운 대화를 위한 맞장구 치기

Great! Interesting! Yes!

상대방의 얼굴을 보며 영어로 대화할 때 어떤 식으로 반응을 보이면 좋을까? 곤란한 점은 없을까? 우리말의 경우, 네, 그래요, 맞아요, 등 자연스럽게 추임새를 넣게 된다. 영어로도 이렇게 반응을 보이면서 대화하면 상대와의 거리가 부쩍 가까워진다.

하지만 영어의 '아, 그래'나 '그렇지'에 해당하는 **Ah-Hah**!나 **Uh-Huh**라는 말이 어색하게 느껴지는 사람도 있을 것이다.

그런가하면 **Ah-Hah**!는 입이 잘 떨어지지 않으니 학교에서 배운 **Really**?(정말?)을 사용해보려는 사람도 많을지 모른다. 그런데 **Really**?는 **R**발음이 꽤 어려워서 어색한 콩글리시 발음을 하기 십상이다.

Ah-Hah!나 **Uh-Huh**! 또는 **Really**?를 제대로 사용하지 못해서 고민하는 사람, 또는 영어로 맞장구 치고 싶은 사람에게 딱 맞는 대답이 다음 3가지이다.

Great!
Interesting!
Yes!

가장 권하고 싶은 표현은 **Great**!이고 다음으로 여기저기 써도 좋은 표현이 **Interesting**!이다. 이것들이 어렵다고 느껴진다면 단순하게 **Yes**!를 활용해보자.

Yes → Great → Interesting 순서로 설명하겠다.

Yes!: '응' 또는 '네'

상대방 :	XXXXX…	YYYYY…	ZZZZ…
	↑	↑	↑
당신 :	Yes…	Yes…	Yes…

이걸로 '이야기를 듣고 있어요'라는 사인이 된다. 가장 간단하고 누구나 할 수 있는 맞장구이다. 이 **Yes**…(네)는 기본적으로는 짧게 **Yes**라고 발음하면 간단하고 좋다. 대화하다가 의문이 생겨 되물을 때나 놀란 부분에서 '정말?'이라고 하고 싶을 때는 **Yes?**↗로 뒤를 조금 높여서 표현하면 된다.

Great!: 우리말의 '좋은데!'

상대방 :	XXXXX…	YYYYY…	ZZZZ…
	↑		↑
당신 :	Great!		Great!

Great라는 이 맞장구는 정말 편리하다. '당신의 이야기를 듣고 있어요'라고 반응할 뿐만 아니라 '좋은데', '훌륭해'처럼 긍정적인 감정을 표현할 수 있다. **Great**는 '응, 그래'같은 맞장구부터 '그거 좋네!'라는 문맥까지 널리 쓸 수 있어서 편리하다.

Great에 익숙해지면 **Fantastic**, **Perfect**, **Super**(모두 '멋져'라는 맞장구이다) **Sounds good**(그거 괜찮네) 등도 맞장구 레퍼토리에 넣어서 사용해보면 좋을 것이다.

Interesting!: 우리말의 '괜찮은데!'

상대방 :　　　XXXXX…　　　YYYYY…　　　ZZZZ…
　　　　　　　　　　　　　　　　　　　　　↑
당신 :　　　　　　　　　　　　　　　　　interesting!

마지막은 **interesting**이다. '당신의 이야기가 나는 흥미롭다'라는 뜻을 전달할 수 있는 맞장구이다. '관심 가는 얘기군요'라는 뉘앙스로 말하는 내용에 대한 코멘트에도 쓰인다. 뭐라고 답하면 좋을지 모르겠다 싶은 내용에 대해서도 '뭐, 재밌는 얘기네요'라는 식으로 대응할 수 있는 말이어서 널리 편리하게 쓸 수 있다.

이처럼 맞장구를 치면서 상대의 이야기를 잘 들은 다음에는 3단어 영어를 사용해서 당신이 말할 차례다. 상대 역시 **Great**, **Fantastic**, **Perfect**, **Super**라고 긍정적 맞장구를 칠 수 있도록, 내용이 즉시 통하는 3단어 영어를 활용하여 명쾌하게 커뮤니케이션하자.

CHAPTER 5

3단어로 통하려면, 과감하게 버려라

이 장의 내용

- There is / are 버려라
- it을 버려라
- S+V+O+O와 S+V+O+C를 버려라
- 수동형을 버려라
- 숙어를 버려라
- not 문장을 버려라
- 난해한 영단어를 버려라
- 어려운 시제를 버려라

마지막 단계까지 온 것을 축하한다.
이 장에서는 3단어 영어를 배운 당신에게
꼭 한 번 더 강조하고 싶은 사항들을 다룬다.
난해한 영어, 만들기 어려운 영어, 통하기 힘든 영어는 이제 버리고,
다시는 돌아가지 않겠다고 결심하자.
여기서는 당신의 영어에서 무엇을 버려야 하는지를
마지막으로 다시 확인해보자.
불필요한 것은 버리고 3단어 영어로 기분 좋게 소통하자.

There is/are 버려라

5-1

우리에게 인기 있는 구문, There is/are(~이 있다)를 버리자. 이 구문을 사용하게 되는 것은 '~가 있다'라는 우리말에 딱 들어맞기 때문이다. 주어가 하는 동작을 구체적으로 표현하지 않고 '있다'라고 표현하는 경우이다.
떠오르는 대로 무심히 There is/are를 사용하지 말고 일단 주어를 앞에 놓자. 그렇게 하면 문맥에 맞추어서 적절한 동사를 연결할 수 있다.

'~가 있다'를 표현하는 법

There is/are를 사용하고 싶어질 때 사용해야 하는 주어는 대개 'X가 있다'라는 문맥의 X이거나 'X가 Y에 있다'라고 할 때의 Y중 어느 것이다. 이때 X를 주어로 하려면 'X가 Y에 대해 어떤 동작을 하다'라는 형태로 만든다. Y를 주어로 하면 'Y가 X를 포함하다'라는 표현도 가능하다.

연습해보자!

"이 그룹에는 3명의 여성 회원이 있다."

There are three female members in this group.

Three female members _____.
This group _____.

Three female members나 This group을 주어로 해보자. 이어지는 동사를 찾았는가?

Three female members have joined this group.
3명의 여성 회원이 이 그룹에 참가하고 있다.

This group has three female members.
이 그룹은 3명의 여성 회원을 가지고 있다.

"이 페이지에는 플로우차트 샘플이 있다."

There are sample flowcharts provided on this page.

This page _____.
This page _____.
You can _____.

This page를 주어로 해보자.
발상을 전환하여 You를 주어로 하여 표현할 수도 있다.

This page provides sample flowcharts.
이 페이지는 플로우차트 샘플을 제공한다.

This page contains sample flowcharts.
이 페이지에는 플로우차트 샘플이 포함되어 있다.

You can find sample flowcharts on this page.
이 페이지에서 플로우차트 샘플을 볼 수 있다.

"요즘은 수많은 전자기기가 있다."

There are many electronic devices now.

Many electronic devices _____.

Many electronic devices surround us now.
수많은 전자기기가 우리를 둘러싸고 있다.

동사 surround가 떠오르지 않는다면 다음과 같이 S+V+C로 표현할 수도 있다.

Many electronic devices are available now.
수많은 전자기기가 이용 가능하다.

이 내용을 수동태로 표현할 수도 있다.

Many electronic devices can be used now.
수많은 전자제품이 사용된다.

P O I N T

There is/are 구문은 버리자. 일단 주어를 정하고 바로 뒤에 적절한 동사를 놓는다.

'있다' '~이다'는 의미가 모호하다

가족 중 누가 "초콜릿 있어."라고 말한다면 무슨 뜻으로 알아들을까? 아마 누구라도 이 말을 듣고, "초콜릿 먹을래?"나 "(책상 위에) 초콜릿 있으니까 먹어." 같은 뜻으로 이해할 것이다.
그렇다면 다음 영문은 어떤 뜻으로 전해질까?

There is chocolate.   초콜릿이 있다.

What?   그래서 뭐?
Where?   도대체 어디?
What do you want me to do?   무슨 말이 하고 싶은데?

이런 의문이 솟아오를 것이다. 이처럼 말하려는 내용을 정확하게 드러내지 않는 표현으로는 영어 커뮤니케이션이 제대로 되지 않는다.

'초콜릿 있어'라는 우리말에 대응하는 영어는 "**There is chocolate.**"이 아니라 다음과 같은 문장이다.

You can have some chocolate.   초콜릿 먹어라.
I have some chocolate (for you).   나한테 초콜릿 좀 있어.
You'll find chocolate bars on the table.
책상 위에 초콜릿바 있으니까 먹어.

영어는 3단어로

무엇을 전달하고 싶은지를 생각한다면 주어와 동사를 정하여 확실하게 표현하는 것이 중요하다. '주어 → 동사 → 목적어' 구성으로 말하는 습관을 들이면 전달하는 것이 쉬워질 뿐 아니라 '전달하고자 하는 내용이 무엇인지' 제대로 생각하는 습관도 붙는다.

3단어 영어의 궁극적 목적은 '머릿속을 명료하게 정리하는 것'이다. 그런 명쾌한 커뮤니케이션이라면 전달하고자 하는 내용을 제대로 전할 수 있을 뿐 아니라 제대로 생각하는 습관까지 만들 수 있다.

it을 버려라

5-2

가주어 'It is … (for…) to…'나 'It is …that…'과 가목적어 'make it… (for) to…'는 우리에게 인기 있는 구문이지만, 전부 버리자.

우선 가주어. '~에게 있어 ~하는 것은 ~하다(~이다)'라는 문장에 딱 맞는 가주어 구문 'It is …(for) …to …'를 사용하고 싶을 것이다. 예를 들면 "It is easy for me to take this job. (나에게는 이 일을 맡는 것은 쉽다)"와 같은 문장을 금세 떠올렸을 것이다.

또 '~인 것은 ~하다(이다)' 라는 말에 가주어 구문 'It is …that…'도 꼭 들어맞는다. 예를 들면 "It is clear that I can take this job.(이 일을 내가 맡을 것이 분명하다)"같은 문장이다.

'~에게 있어서 ~하는 것은 ~이다'

하지만 이들 구문을 사용하면 주어, 동사가 나오기까지 기다려도 알 수 있는 단어는 It is뿐이다. 전달하고 싶은 내용을 알 수 없다. 신속한 의사소통을 위해서도 가주어를 사용한 구문은 사용하지 말아야 한다. 또 인기 있는 구문은 가목적어를 사용한 'find it X' (X라는 것을 알게 되다) 와 'make it possible' (~을 가능하게 하다)이다. '~가 ~라는 것을 알게 되었다' '~가 ~을 할 수 있게 한다'라고 표현하고 싶을 때 주로 사용한다. 하지만 이런 문형은 S+V+O+C 구문이 되어 복잡하다. 그러니 3단어 영어인 S+V+O로 변환하자.

이제 가주어나 가목적어를 사용한 문장을 3단어 영어로 표현하는 습관을 들이도록 하자.

연습해보자!

"이 일을 맡는 것은 내게는 쉽다."

It is easy for me to take this job.

I _____.

I can easily take this job.

가주어 구문의 for…은 동작의 주체를 나타내므로 그것을 주어로 사용할 수 있다. 주어를 정했으면 그 다음은 동사를 찾은 다음 다른 정보를 추가하기만 하면 된다. 동사를 수식하는 부사 easily를 사용하였다.

"이 일을 맡는 것은 내게는 불가능하다."

It is impossible for me to take this job.

I _____.

이 문장 역시 I를 주어로 할 수 있다. It is impossible…의 패턴은 I cannot…으로 바꿀 수 있다.

I cannot take this job.

"내가 이 일을 맡을 수 있을 것이 분명하다."

It is clear that I can take this job.

_____, I _____.

It is clear that은 부사 한 단어, 즉 clearly로 치환한다. 문장 전체를 수식하는 부사를 활용함으로써 정보를 온전히 유지하면서 짧게 전달할 수 있다.

Clearly, I can take this job.

"이 일을 오늘 마치는 것은 어렵다는 것을 깨달았다."

I found it difficult to complete the job today.

I _____.

S+V+O를 사용하여 간단하게 표현할 수 있다.

I cannot complete the job today.

"그의 빠른 행동 덕에 그 일자리를 얻을 수 있었다."

His quick action made it possible to get the job.

His quick action _____.

He _____.

His quick action allowed him to get the job. / His quick action enabled him to get the job.

He got the job after his quick action. / He acted quickly and got the job.

allow, enable은 편리한 동사이다. 'allow/enable+사람+동사'로 '사람이 ~하게(할 수 있게) 되다'를 표현한다. 사물을 주어로 할 수 있어서 다양한 문맥에서 사용된다(126쪽).

"He got the job."이라는 간단한 3단어 영어를 먼저 만든 다음 차분하게 정보를 추가할 수도 있다. '그의 빠른 행동 덕에'는 '그의 빠른 행동 후에(after his quick action)'로 표현해도 좋다. 혹은 단순히 '그는 빠르게 행동했다(He acted quickly), 그리고 일자리를 얻었다(and got the job)'라고 짧은 문장을 나열할 수도 있다.

POINT

가주어 'It is …(for…) to~' 'It is… that~'과 가목적어 'make it…(for…) to~'는 되도록 쓰지 말자. 동작의 주체나 사물을 주어로 하고, 주어 바로 뒤에 구체적인 동사를 놓으면 쉽게 통하는 문장을 만들 수 있다.

S+V+O+O와 S+V+O+C를 버려라

다음은 이른바 문장의 5형식 중 가장 어려운 마지막 2가지 S+V+O+O 구문과 S+V+O+C 구문을 쓰지 않는 방법이다. 이 유형을 버리겠다고 작정하면 영작이 쉬워지고 실제로 말할 수 있는 영어, 통하는 영어를 마스터하게 된다.

S+V+O+O를 버리자

목적어를 2개 갖는 S+V+O+O 구문을 만드는 것은 특정 동사의 경우뿐이다. 특정 동사의 예를 들자면 send나 show 등이다. 이들 동사로 S+V+O+O 구문을 만드는 것은 그만두고 대신 S+V+O를 사용해보자.

연습해보자!

"그녀는 나에게 사진을 몇 장 보내주었다."

She sent me several photos. S+V+O+O

She _____.

She sent several photos to me. S+V+O

동사 send를 그대로 사용하여 S+V+O+O → S+V+O로 단순하게 변환한다.

"그녀는 역까지 길안내를 해주었다."

She showed me the way to the station. S+V+O+O

She _____.

She took me to the station. S+V+O
She guided me to the station. S+V+O

이처럼 발상을 전환하여 S+V+O로 고쳐 쓴다.

S+V+O+C를 버리자

S+V+O+C 구문은 목적어와 보어가 동등한 O = C가 되며, '~가 ~하도록[~가 되도록] 하다'라는 형태의 문장이다.

예를 들면 "I make you happy. (나는 네가 행복하도록 한다)" 또는 "I find it great. (나는 그것이 멋지다고 생각한다)"라는 패턴이다. '나=행복', '그것=멋지다'가 되며 O와 C가 동등한 관계이다.

이 구문의 결점은 I make you까지 말해도, 또는 I find it까지 말해도, 문장이 무얼 전하려는 것인지 알 수 있는 단어가 등장하지 않는다는 것이다. 빠르게 통하는 영어를 목표로 삼고 이 구문은 버리자.

"나는 그녀의 웃음이 매력적이라고 느꼈다."

I found her smile attractive.

I _____.
Her smile _____.

I like her smile.
Her smile attracts me.

3단어 영어로 단순하게 표현했다. 3단어 영어를 사용하면 시제도 현재형으로 바꿀 수 있다. 지금에 초점을 맞추어 효과적인 의사소통이 가능해진다(159쪽). 주어로는 I도 좋고 Her smile도 가능하다.

"이 접근 방식에 의해 비용이 낮아진다."

This approach will make the cost lower.

This approach _____.

This approach will lower the cost.

lower를 '~를 낮추다'라는 동사로 사용함으로써 심플하게 S+V+O로 표현할 수 있다.

P O I N T

S+V+O+O구문과 S+V+O+C구문은 문장이 복잡해져서 만들기 어렵고 통하기 힘들다. 이런 난해한 구문은 과감히 버리고 가능한 한 S+V+O구문으로 말하자.

1, 2, 3형식만으로도 충분히 다 통한다

이 책에서는 이른바 5형식 문형 중에서 세 번째인 **S+V+O**를 기본으로 한 3단어 영어를 제안하고 있다. 마지막 장을 읽는 여러분에게 일러두고 싶은 사항이 있다. 모든 내용은 5형식 중 3형식까지, 다시 말해 **S+V**, **S+V+C**, **S+V+O**로 표현할 수 있다는 것이다.

S+V+O, 즉 '**Somebody does something**'(누가 무엇을 하다) 또는 '**Something does something**'(무엇이 무엇을 하다)는 가장 강렬한 인상을 남기는 영문을 만드는 법이다. 그런 3단어 영어를 중심으로 사용하면서 현실적으로는 나머지 2가지, 즉 **S+V**(누가/무엇이 ~하다)와 **S+V+C**(누가/무엇이 ~이다)를 사용하자.

5가지 문형 중 세 번째까지만 사용해도 평이한 내용부터 난해한 내용까지 모든 의미를 어렵지 않게 전달할 수 있다. 이 책에서 사용하고 있는 **S+V+O**만 마스터하면 나머지 **S+V**와 **S+V+C**를 사용하는 것은 어렵지 않다.
S+V와 **S+V+C**에 대해서 간단하게 설명하겠다.

S+V 구문은 주어와 동사만으로 구성된다.

I go.   나는 간다.

S+V의 특징은 주어와 동사만으로 문장을 완성할 수 있다는 것이다.

일단 주어와 동사만으로 영문이 성립하고 거기에 정보를 추가할 수 있다. 예를 들면 다음과 같이 정보를 추가한 문장을 만들 수 있다.

I go now. 지금 갈게(부사에 의한 수식)
I go to university. 대학에 다닌다(전치사구에 의한 수식)

S+V+C 구문이란 be동사를 사용해서 '~이다'를 표현한다.

He is nice. 그는 멋있다.

be동사 이외의 동사를 써서 '주어 = 보어'로 표현하는 문장도 **S+V+C** 구문이라고 한다, 다음과 같은 문장이다.

This idea sounds good. 이 아이디어 좋은 것 같아.

그러면 난해한 **S+V+O+O**나 **S+V+O+C**를 평이한 **S+V+O**나 **S+V+C**, **S+C**로 바꾸는 연습을 해보자.

"그녀는 내게 멋진 웃음을 보여준다."
She gives me a nice smile. (…난해한 S+V+O+O)

She _____. (S+V+O)
She _____. (S+V)

She gives a nice smile (to me). (S+V+O)
She smiles nicely (to me). (S+V)

"유감스럽게도 프로젝트를 끝내기가 어렵다는 것을 깨달았다."
Unfortunately, we found it difficult to complete the project.
(…난해한 S+V+O+C)

Unfortunately, we _____ . (S+V+O)
Unfortunately, the project _____ . (S+V+O)

Unfortunately, we cannot complete the project. (S+V+O)
Unfortunately, the project will be incomplete. (S+V+O)

이 책을 통해 3단어 영어를 마스터한 다음에는 **S+V+O**를 중심으로 사용하면서 나머지 2가지, 즉 **S+V**와 **S+V+C**도 자유롭게 사용하기 바란다.

S+V, **S+V+C**, **S+V+O**, 이 3가지를 자유로이 사용하면 의사소통이 더 편안하고 수월해진다. 올바른 영어를 자신 있게 사용할 수 있게 될 것이다.

수동형을 버려라

능동태와 수동태 중에서는 능동태가 더 강한 인상을 주고 책임소재를 분명히 밝힌다. '~가 ~되었다'라고 하는 객관적인 표현보다 '~가 ~했다'라고 동작의 주체를 명확하게 하는 표현이 깔끔하고 명쾌한 의사소통에 더 유용하다.

'~가 ~되다'라고 전달하는 법

수동태를 사용하면 동작의 주체를 숨기고 싶어 하거나 어물쩍 넘어가려 한다는 느낌을 준다. 단순히 단어 수가 늘어나기 때문에라도 틀리기 쉽고 통하기 어려워진다는 단점이 있다.
의도적으로 동작의 주체를 숨기거나 모호한 인상을 주려는 경우가 아니면 단호하게 수동형을 버리자.

"나는 아름다운 영화에 감동받았다."

I was moved by the beautiful movie.

The beautiful movie _____.

I _____.

The beautiful movie moved me.
I like the beautiful movie. / **I enjoyed the beautiful movie.**

by가 등장하는 수동태는 by 뒤에 오는 단어를 주어로 삼아 능동태로 단순하게 변환한다. 또는 발상을 전환하여 I를 주어로 놓고, 간단한 동사(like나 enjoy)를 사용해서 표현해도 좋다.

"여행 일정은 팸플릿에 적혀 있습니다."

The tour schedule is written on the brochure.

* brochure : 팸플릿

The brochure _____.
You _____.

The brochure **shows** the tour schedule.
You will **find** your tour schedule on the brochure.

by가 없는 수동태라도 문장 속에 등장하는 단어를 주어로 삼아 능동태를 만들자. 주어는 사물 또는 사람이 될 수 있다. 수동태 문장에 감추어진 '사람'을 주어로 해도 좋다.

"시작 버튼을 누르면 차의 시동이 걸립니다."

If you press the start button, the car engine can be started.

You _____.
Pressing the start button _____ .

You can **start** the car engine by pressing the start button.
Pressing the start button will **start** the car engine.

주어로는 사람도 동작도 가능하다. 시작 버튼을 누른다는 동작을 Pressing the start button으로 하여 주어로 사용해도 괜찮다(93쪽).

POINT

능동태를 사용하면 내용이 바로 통한다. 사람, 사물, 동작 중에서 주어를 정한 뒤 주어에 맞는 평이한 동사를 골라 능동태 문장을 만든다.
'누가 무엇을 하다' '무엇이 무엇을 하다'라는 기본형을 지켜서 3단어로 구성한다.

그러면 수동형은 언제 쓸까?

이 책에서는 3단어 영어에서 중요한 능동태 사용을 권장하고 있다. 능동태를 권하는 이유는 동작의 주체가 명시되어 짧고 직접적으로 전달하기에 의사소통이 원활해지기 때문이다. 그렇다면 모든 문장을 능동태로 표현해야 할까? 수동태를 사용할 필요는 전혀 없을까? 대답은 다음과 같다.

- 기본적으로는 능동태를 사용하겠다고 정하고, 가능한 한 능동태로 표현한다.
- 수동태를 써야하는 이유가 있을 때만 전략적으로 수동태를 사용한다.

수동태를 써야하는 때란 대개 다음 두 경우이다.

① 동작의 주체를 숨기고 싶다.
② 동작의 주체를 드러낼 필요가 없거나 드러낼 수 없다.

① 동작의 주체를 숨기고 싶다

"지난 입사면접에는 많은 잘못이 있었습니다."
이 내용을 영어로 표현할 때 주어는 무엇을 하는 것이 좋을까? 자신의 잘못을 드러내고 싶지 않은 경우, 주어를 '나(I)'로 하지 않고 수동태를 사용해 책임 소재를 모호하게 할 수 있다.

이러한 수동태 문장의 주어를 바꾸어서 동작의 주체를 앞에 두면 문장의 느낌이 달라진다. 어떻게 달라지는지 다음 표현을 통해 뉘앙스를 파악해보자.

(1) **Many mistakes were made in the job interview.**
지난 입사면접에는 많은 잘못이 있었습니다.

객관적인 표현이다.

(2) **The job interview included many mistakes.**
지난 입사면접은 많은 잘못을 포함하고 있었다.

단순 명쾌한 표현이지만 아직 객관적이다.

(3) **I made many mistakes in the job interview.**
나는 지난 입사면접에서 많은 잘못을 했다.

자신의 잘못을 인정하는 느낌이다.
(1)에서는 잘못을 마치 남의 일처럼 표현하고 있다.
(2)에서는 능동태로 표현하기는 했지만 입사면접(사물)을 주어로 하여 객관성을 유지하고 있다. (1)보다 직접적인 표현이지만 사실을 담담하게 묘사하고 있다는 느낌이다. (3)에서는 '자신이 잘못을 저질렀다'고 분명히 하고 있다.
동태의 선택, 주어 사용법에 따라 문장의 느낌이 달라진다. 상황에 따라 적절한 표현을 선택하자.

② 동작의 주체를 보일 필요가 없거나 보일 수 없다.

위와 같이 '의도적으로 동작의 주체를 숨기는' 경우가 아니라도, 주어가 되는 동작의 주체가 보이지 않거나 주어가 그다지 중요하지 않은 경우에도 수동형이 필요하다. 예문을 보자.

The blue LED was invented 25 years ago.
청색 LED는 25년 전에 발명되었다.

'누가' 발명했는지가 아니라 청색 **LED**가 '발명되었다'는 사실이 중요하므로 동작의 주체를 나타낼 필요가 없다.

This pillar is made of natural wood.
이 기둥은 천연목으로 만들어졌다.

애초에 '누가' 만들었는지 말하기는 어려운 문장이다.

영작을 할 때 기본은 능동태라고 정해두되 동작의 주체를 알 수 없는 경우, 또는 동작의 주체를 숨기고 싶은 경우에는 수동태로 표현한다는 발상을 기억해두자. 중요한 것은 '필요해서가 아니라 어쩌다 보니 수동태가 된 문장'이 되지 않도록 하는 것이다. 문법 사항을 깊이 이해하고 최적의 표현을 스스로 선택하여 결정하는 힘을 갖추자.

숙어를 버려라

열심히 외운 숙어를 버리려면 다소 용기가 필요할지도 모른다. 하지만 관용어구나 숙어를 깨끗이 버리고 언제나 동사 한 단어를 사용해서 표현하면 영문이 짧아지고 의사소통이 수월해진다.

관용어구나 숙어를 사용하지 않는 표현법

"나는 아침 수업에 결석했다."

I was absent from the morning class.

be absent from (~에 결석하다)라는 숙어를 쓰지 않고 3단어로 바꾼다.

I _____ the morning class.

I skipped the morning class.
I cut the morning class.
I did not attend the morning class.

be absent from이라는 숙어 대신 다른 동사 한 단어로 표현한다. I did not attend the morning class.도 괜찮지만 not을 사용하지 않도록 발상을 전환하는 것(70쪽)도 연습해두면 좋다. skip(건너뛰다), cut(생략하다)를 쓸 수 있다.

"이 코스는 30명의 학생으로 구성되었다."

The course is composed of 30 students.
The course is made up of 30 students.

be composed of, be made up of (~로 구성되다)라는 숙어를 쓰지 않는다.

The course _____ 30 students.
Thirty students _____ the course.

The course has 30 students.
Thirty students attend the course.

쉬운 동사 have가 등장한다(101쪽). 혹은 주어를 바꾸고 발상을 전환하여 '30명의 학생이 코스에 참가한다'라고 표현할 수도 있다. 동사로는 attend (~에 참가하다)를 사용할 수 있다. 한편 30명의 학생을 주어로 하는 경우, 글로 적을 때는 Thirty students처럼 숫자를 영문으로 풀어 쓴다. 영어에서는 첫머리에 아라비아 숫자 쓰는 것을 좋아하지 않기 때문이다.

"학생은 학교 데이터베이스에 접속할 수 있다."

The students can make access to the university database.

make access to (~에 접속하다)라는 숙어를 한 단어 동사로 바꾼다.

The students can _____ the university database.
The students _____ university database access.

The students can access the university database.
The students have university database access.

make access to는 access로 바꿀 수 있다. access에는 타동사 용법 밖에 없으므로(58쪽) access의 바로 뒤에 the database를 놓는다. 또 발상을 전환하여 데이터베이스 접속(database access)을 가진다(have) 고 표현할 수도 있다. 여기서 만능 동사 have가 사용된다.

"낡은 복사기 대신 새 복사기가 들어왔다."

The new copier took the place of the old copier.

take the place of (~을 대신하다)라는 숙어를 바꿔보자.

The new copier _____ the old copier.

The new copier replaced the old copier.

take the place of를 replace (~를 대신하다)처럼 한 단어로 바꾼다. replace도 명쾌하게 표현할 수 있는 편리한 동사이다(114쪽).

not 문장을 버려라

5-6

부정문, 즉 not을 사용한 문장을 쓰지 않으면 긍정적인 느낌을 주는 커뮤니케이션이 된다. 전달하고자 하는 내용도 명쾌해져 더 통하기 쉬워진다. 또 부정적인 느낌을 주지 않고 담담하게 설명할 수 있다.

'~하지 않는다'라고 표현하는 법

'긍정문+no+명사 사용하기', '반대말 사용하기', '동사 부분의 발상 바꾸기'로 부정하는 내용을 긍정형으로 표현해보자. 요령을 알면 쉽다. 많이 연습하자.

You don't understand me.
'넌 날 이해 못 하는구나'

You misunderstand me.
'그건 오해야'

연습해보자!

"내 업무는 스트레스가 없다."

My work doesn't cause any stress.

My _____.
I _____.

My work causes no stress.
My work is stress-free.
I have no stress from work.

'제로 스트레스를 일으킨다'(cause no stress)'라고 하면 긍정 표현이 가능해진다. 또 S+V+O뿐 아니라 S+V+C로 stress-free(스트레스 없음)이라는 반대 의미를 나타내는 형용사를 사용할 수도 있다. 혹은 I (나)를 주어로 한 심플한 S+V+O도 좋겠다.

"이 음료는 아무 색도 띠지 않는다."

This drink doesn't have any color.

This drink _____.

This drink has no color.
This drink is colorless.

'긍정형+no'로 표현할 수 있다. 혹은 -less라는 어미를 붙여 없다는 뜻의 형용사를 사용함으로써 S+V+C로 표현할 수도 있다. 부정적인 느낌을 주지 않으면서 담담하게 묘사할 수 있다.

"그들의 부정을 입증하는 데이터가 없다."

I don't have any data to prove their misconduct.

I _____ **to prove their misconduct.**

I have no data to prove their misconduct.

don't have any data를 have no data로 바꾸었다.

"나는 시험에 합격하지 못했다."

I didn't pass the exam.

I _____ the exam.

I failed the exam.

didn't pass를 failed이라고 역발상으로 바꾸었다.

"부장은 내 기획을 채택하지 않았다."

The manager did not accept my proposal.

The manager _____ **my proposal.**

The manager rejected my proposal.

accept (받아들이다)의 반대말 reject (거절하다)를 사용했다.

"나는 그의 제안을 올바로 이해하지 못했다."

I didn't understand his proposal correctly.

I _____.

I understood his proposal incorrectly.

I failed to understand his proposal correctly.
I misunderstood his proposal.

부사를 반대말로 바꾸는 방법도 있다. correctly를 incorrectly로 바꾸었다. 또 'fail to + 동사'로 '~하지 못하다'를 표현할 수도 있다. 그 밖에 understand를 반대말 동사 misunderstand로 바꾸는 방법도 있다.

POINT

부정의 not을 가능한 한 사용하지 말고 부정하는 내용이더라도 긍정 표현을 사용하자. 긍정형+no+명사 사용하기, 반대말 사용하기, 동사 부분의 발상 바꾸기 테크닉을 활용하여 유연한 발상으로 무엇이든 긍정으로 표현하자.

5-7 난해한 영단어를 버려라

의사소통을 해야 하는 상대가 언제나 영어 원어민이라는 법은 없다. 전 세계에는 영어 원어민보다 비원어민이 더 많다. 비원어민끼리 영어로 대화하는 상황이 더 많을 테니 알고 있는 단어 중 조금이라도 쉬운 단어를 선택하도록 하자.

난해한 영단어 사용방법

"그 회사는 우리 사무용품을 채택하고 있다."

That company adopts our office supplies.
That company employs our office supplies.

* office supplies : 사무용품

adopt는 '채택하다'라는 의미이다. employ도 마찬가지로 '채택하다'라는 의미이다. 둘 다 바른 사용이지만 더 쉬운 단어가 있다면 그 단어를 사용하자.

That company _____ our office supplies.

That company uses our office supplies.

만능 동사 use(101쪽)를 사용할 수 있다.

"가족 모두가 전력소비를 억제해야 한다."

Every family member must suppress electricity consumption.

suppress는 '억제하다'라는 의미이다. 한영사전에서 '억제하다'를 찾으면 이 단어가 나온다. 이런 어려운 단어를 사용하지 말고 평이하게 표현하자.

Every family member must _____ electricity consumption.
Every family member must _____ electricity consumption.
Every family member must _____ less electricity.

Every family member must reduce electricity consumption.
Every family member must cut electricity consumption.
Every family member must use less electricity.

suppress를 reduce나 cut (두 단어 모두 '줄이다')로 바꾼다. 혹은 발상을 전환하여 '적은 전기를 쓰다(use less electricity)'라고 표현할 수도 있다.

"이 주택에서는 태양광 에너지가 이용되고 있다."

We utilize solar energy in this housing.
This housing utilizes solar energy.

utilize는 '활용하다', '이용하다'라는 의미이다. 바른 사용예이지만 더 쉬운 단어는 없을까?

We _____ solar energy in this housing.
This housing _____ solar energy.

We use solar energy in this housing.
This housing uses solar energy.

만능 동사 use를 사용하면 된다. '사람'이 주어이든 '사물'이 주어이든 전부 사용할 수 있다. utilize를 쓰면 안 된다는 건 아니지만 조금이라도 쉬운 단어를 사용할 때 대화가 편안해질 수 있다. 실제로 "We utilize solar energy."와 "We use solar energy."를 각각 소리 내어 읽어보고 어느 쪽이 편하게 발음되는지 비교해보자.

"경찰이 사고 원인을 해명했다."

The police elucidated the cause of the accident.

'해명하다'를 한영사전에서 찾으면 elucidate라는 단어가 나온다. 그러나 일부러 모르는 단어를 찾지 말자.

The police _____ the cause of the accident.

The police found the cause of the accident.
The police uncovered the cause of the accident.
The police clarified the cause of the accident.
The police determined the cause of the accident.
The police identified the cause of the accident.

편리 동사 find(105쪽)를 사용하면 쉽다. 또 uncover는 cover (덮다)의 반대말로 '덮개를 벗기다' 즉 '밝히다'라는 뜻이 된다.

clarify도 좋은 동사이다. clear(뚜렷한, 명백한)이라는 형용사를 알고 있는 사람은 많을 것이다. 이 단어의 동사형이 clarify(명백하게 하다)이다.

다음은 결정하다를 표현하는 determine이다. 결정하다를 표현하는

decide, determine 중 decide은 '주관에 의해 결단하다'라는 의미로만 쓰이는 데 반해 determine은 주관을 통하지 않고 '결정하다', '특정하다', '해명하다'라고 할 때 널리 쓰이는 말이다.

마지막의 identify는 흔히 '로그인 ID'라고 할 때 사용하는 ID(identification)의 동사 형태이다. ID는 '당신을 특정하는 것'인데 동사 identify도 '특정하다'라는 의미이다.

find, uncover, clarify, determine, identify 중 어느 것을 쓸지는 무엇을 어떻게 표현하고 싶은지에 따라 결정하면 된다. 어느 것을 선택하든 잘 아는 동사, 제대로 쓸 수 있는 동사를 사용하는 것이 중요하다. 이해하기 어렵고 제대로 쓰는 법을 모르는 동사를 무리해서 사용할 필요는 없다.

POINT

잘 모르겠다, 제대로 쓰지 못하겠다 싶은 단어는 단호하게 버린다.
자신 있는 단어를 계속 사용하면 자연스럽게 표현력이 좋아진다.
쉬운 단어를 사용하면 틀리는 경우가 줄고 원어민에게나 비원어민에게나 통하기 쉬워진다.

어려운 시제를 버려라

5-8

중고등학교 영어 수업에서는 다양한 시제를 배웠을 것이다. 현재형과 현재진행형, 미래형과 미래진행형이 있는가 하면 완료가 붙는 시제로는 현재완료형을 비롯해서 과거완료형, 미래완료형, 과거완료진행형, 현재완료진행형, 미래완료진행형까지 있다.

현재형 · 과거형 · 현재완료형 (그리고 미래의 will)로 무엇이든 표현할 수 있다

이렇게 많은 시제 중 가장 많이 쓰이는 중요한 시제는 현재형이다. 말하고 싶은 내용이 과거의 동작에 대한 설명이라면 과거형도 쓰게 된다. 미래 표현 will도 생각을 전달하는 조동사로서 자주 사용된다. 그리고 현재완료형은 과거의 상황을 지금까지 이어서 나타내는 유용한 시제이다. 그 밖의 복잡한 시제는 전부 잊어버려도 문제될 것 없다. 표현하기에 따라서 현재형과 과거형과 현재완료형, 그리고 미래 표현(will)만 사용해서 얼마든지 소통할 수 있다. 시제의 변환을 연습해 보자.

현재진행형을 현재형으로 바꾼다

"우리 회사는 화장품을 개발하고 있다."

Our company is developing cosmetics.

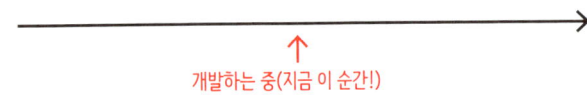

↑
개발하는 중(지금 이 순간!)

Our company _____.

↑ ↑ ↑ ↑
평상시 계속 개발

Our company develops cosmetics.

지금 이 순간만을 가리키는 현재진행형이 아니라 현재형을 사용하여 평소 사실을 표현한다.

미래진행형은 사용하지 않아도 된다

"오늘 오후 2시에 나는 숙제를 하고 있을 것이다."

I'll be doing my homework at 2p.m. today.

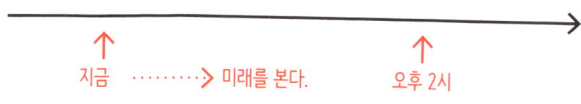

올바로 사용할 수 있다면 미래진행형을 사용해도 좋다.

I'll _____.   오후 2시에는 숙제를 한다.

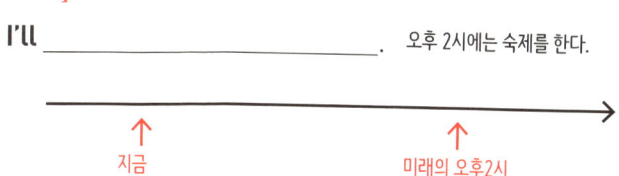

I'll do my homework at 2 p.m. today.

미래진행형에서 단순 미래로 바꾸면 뉘앙스가 살짝 달라지지만 특별히 문제될 것은 없다.

현재완료진행형을 사용하지 않아도 된다

"영어 커뮤니케이션은 점점 중요해지고 있다."

Communicating in English has been increasing its importance.

"Communicating in English increases its importance. (영어 커뮤니케이션은 그 중요성이 커진다)"라는 S+V+O 문장이 기본이다.

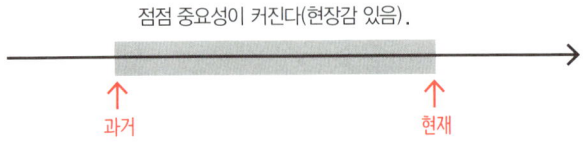

올바로 사용할 수 있다면 현재완료진행형을 사용해도 좋다

Communicating in English _____.

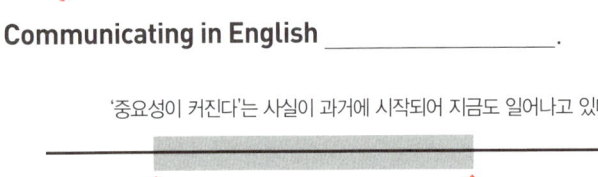

Communicating in English has increased its importance.

현재형으로도 만들어보자.

Communicating in English _____.

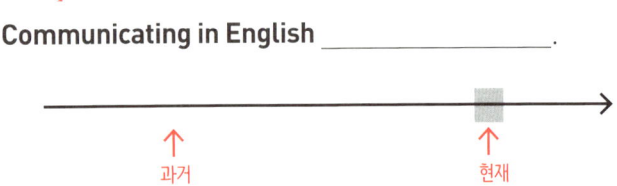

Communicating in English is more important now.

현재완료형에서도, 현재형에서도 표현할 수 있다. 시제를 단순화하자. 또 현재형을 사용한 위의 예문에서는 영문을 만드는 데 S+V+O가 아니라 S+V+C가 되었다. 시제까지 고려하여 표현하기 쉬운지, 전달이 쉬운지를 검토하여 영문의 구조를 선택하면 좋을 것 것이다.

과거완료형을 단순과거로 바꾼다

"내가 대학에 들어갔을 때 그는 이미 졸업했었다."

When I entered university, he had already graduated.

before를 사용한다.

He graduated from university before _____.

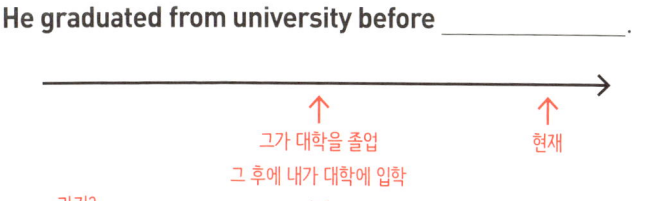

He graduated from university before I entered.

after를 사용한다.

I entered university after _____.

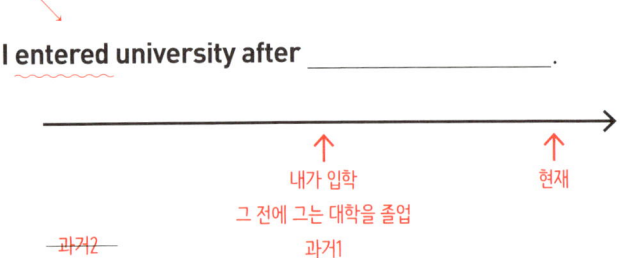

I entered university after he graduated.

과거가 두 번 나오는 경우라도 과거완료형을 사용하지 않고 표현할 수 있다. 시점을 '현재'와 '현재를 기준으로 본 과거(한 번)'로 단순하게 정리해두면 좋다.

POINT

난해하게 느껴지는 시제는 버리자. 현재형, 과거형, 현재완료형, 그리고 미래의 will이면 시제 표현은 문제없다. 지금의 일이나 보편적인 사실에 현재형을, 지금까지 이어지고 있지 않은 과거에는 과거형, 지금까지 이어지는 과거에는 현재완료형을 사용한다. 미래에 대한 의지를 표현할 때는 조동사 will을 사용한다.

영어 메시지를 마음에 새기자

내게는 인상에 남은 문장이 몇 가지 있다. 저명한 인물의 말도 있지만 지인들과 이야기를 나누다 들은 문장도 있다. 영어는 명쾌한 언어여서 그 메시지가 우리말보다 더 마음을 울리고 기억에 남기도 한다. 마지막으로 그 영어 메시지를 독자 여러분과 공유하겠다. 여러분이 앞으로 영어공부를 하는 데 도움이 되기를 바란다.

Verbs are powerful. 동사는 강하다.

― Leigh McDowell(영어 강사)

Learning is a gift. I ought to use it.
배움은 하늘에 내린 선물이다. 그 기회를 활용해야만 한다.

― Xanthe Warner(12세 소녀)

Success is a continuous journey.
성공이란 도달하면 끝나는 것이 아니라 계속 노력하는 것이다.

― Richard St. John(사업가)

Practice makes perfect. 부단한 연습이 있을 뿐.

― 영어 격언

All things are difficult before they are easy.
어떤 일이든 쉬워지기 전에는 어려운 법이다.

― Thomas Fuller(철학자)

Live as if you were to die tomorrow.
Learn as if you were to live forever.
내일 죽을 것처럼 살라. 영원히 살 것처럼 공부하라.

— Mahatma Gandhi(인도 독립의 아버지)

마지막으로 나의 메시지도 남긴다.

Simple English will change your communication.
Let's practice!
간단한 영어를 사용하면 커뮤니케이션이 달라진다. 연습하면 된다!

마치며

영어 강사로서 보고 느낀 것

왜 우리는 영어를 어렵게 느낄까?
나는 지금까지 영어를 어려워하는 사람들에게 영어를 가르쳐왔다. 처음 대학 강단에 섰을때, 학교에서는 내게 "학생들의 영어 알레르기를 고쳐주세요."라고 부탁했다. 수업 방법이나 내용은 상관없으니 무조건 이공계 대학원생의 영어 울렁증을 해달라는 의뢰였다.
그 후에도 다른 대학과 기업 등에서 들어오는 영어강의 의뢰는 대부분 기술자, 연구원을 대상으로 한 강의였다. 수강자 대부분은 영어를 좋아하지 않는다, 가능하면 영어를 피해 살고 싶다, 영어 수업만 시작하면 잠이 온다며 영어에 대한 거부감을 나타냈다.
나는 다양한 방법을 고안하면서 수업을 진행했다. 현란한 쇼처럼 공부 과제를 끊임없이 보여주면서 수강생들을 바쁘게 내몰기도 했다. Keep them busy! 정신없이 바쁘게 만들면 수업에 집중하리라는 계산이었다.
이공계 기술자, 연구원이 주로 하는 영작문에는 대학의 기술논문 영어, 기업의 사양서나 매뉴얼 혹은 특허영어 등이 있다. 어려워만 보이는 이 내용을 어떻게 쉽게 보이게 할지, 수강생들이 영어는 전혀 어렵지 않으며 오히려 쉽다고 느끼게 할지를 고민했다.

처음 몇 년은 시행착오를 되풀이했다. 어느 대학에서는 내가 강의를 시작하면 수강생 절반이 잠들어버리기도 했다. 그때 나는 깨달았다. 그들에게는 영어란 알 수 없는, 그저 잠이 오는 애매한 세계라는 것.

나도 경험한 것이지만 보통 우리가 영어를 할 때 다양한 영어 표현 중 무엇을 써야 하는지 헷갈릴 때면 판단을 내리기 어렵다. 중학교나 고등학교에서는 문법적으로 올바른 영어를 가르치는 데만 주력할 뿐, 어떤 표현을 써야 의사소통이 잘 되는지는 고민의 대상이 아니었다.

예를 들어 관사(the나 a/an)등이 가장 헷갈리는 문법이다. 하지만 영어 원어민에게 물어보면 "왠지 관사는 이걸 써야겠네. 이유는 묻지 마."라고 하는 경우가 많다. 또 어떤 때는 "여긴 뭘 쓰든 괜찮아."라고 대답해서 '뭐든 괜찮은 문법이 왜 있는 거야. 그럼 아예 없애든지!' 싶어 화가 날 때도 있다. 이래서야 우리로서는 자신 있게 영어를 하는 것이 어려울 수밖에 없다. 특히 이유와 근거를 찾기 위해 밤낮으로 연구에 매진하는 이공계 기술자나 연구원들에게 이렇게 애매한 영어는 너무나 까다롭고 어려운, 흥미가 느껴지지 않는 과목일 뿐이다. 내 강의의 수강생들은 주로 그런 연구자들이었다.

그래서 나는 '이유와 근거'를 중시하면서 스스로 영어 표현을 선택하고 어떤 표현이 의사소통이 잘 되도록 해줄까, 어느 표현을 쓰면 조금이라도 실수를 덜게 될까에 집중하는 수업을 연구하기 시작했다.

내 수업은 관사부터 구문 선택까지 비원어민으로서 스스로 근거와 이유를 갖고 영어 표현을 선택하는 법을 가르친다. 그 지침이 되는 것이 테크니컬라이팅의 각종 규칙(각종 스타일가이드라고 불리는 영어의 규칙이나, 테크니컬라이팅에 관한 영문 서적에서 제시하는 규칙)이다.

그러자 수강생들의 반응이 눈에 띄게 달라졌다. 수업 중에 조는 학생이 확 줄었다. 그리고 단기간 강의로도 다음과 같은 반응을 보였다.

"다시 영어를 좋아하게 될지도 모르겠다는 자신감이 솟는다."
"한 줄기 빛을 찾은 느낌."
"내 영작문 실력이 비약적으로 업그레이드 된 것 같다."
"예전보다 영어가 재미있어졌다."
"관사를 어떻게 해야 하는지 몰라서 멋대로 생략하기도 했었는데 '이 경우는 이렇게 하자'고 생각하면서 쓸 수 있게 되었다."

테크니컬라이팅에는 관사, 명사 학습, 구문 학습, 주어 결정 등 다양한 항목이 있다. 하지만 어느 것도 몇 년을 들여 학습할 필요가 없다. 단 며칠만으로도 모든 지식을 습득할 수 있다. 이 영어법을 통해 나는 짧은 수업 기간에도 수강자의 영어가 크게 달라지는 것을 직접 보았다. 그러한 테크니컬라이팅 기법으로부터 가장 중요한 에센스를 뽑아낸 것이 이 책에서 다루는 3단어 영어이다. 이공계 기술자, 연구원이나 기술문서 번역자뿐 아니라 누구에게나 테크니컬라이팅 기법은 도움이 될 것이다.

나는 3단어 영어를 통해 영어를 '어려운 것'이 아니라 '평이한 것'으로 전달할 수 있지 않을까 생각했다. 또 이공계 기술자, 연구원이나 기술

문서 번역자 등 특정 독자에만 한정하지 않고 다양한 일반인들, 구체적으로는 영어로 말할 수 있게 되기를 바라는 사람, 업무에서 영어를 편하게 사용하고 싶은 사람, 올림픽 개최를 앞두고 영어를 습득하고 싶은 사람, 영어 과목이 버거운 중고등학생과 대학생에게 이 3단어 영어법을 전하고 싶었다.

3단어 영어를 계기로 독자 여러분의 영어가 말하고 써먹는 영어로 바뀌기를 바란다.

영어를 어려워하는 사람이 영어를 덜 어려워하게 되고 영어를 좋아하는 사람은 더욱 영어를 좋아하게 된다면 더없이 기쁘겠다.

언제나 믿고 지지해주는 부모님과 가족들에게 감사를 보낸다.

나카야마 유키코

참고문헌

Gary Blake & Robert W. Bly, *The Elements of Technical Writing*, Longman, 1993

中山裕木子『技術系英文ライティング教本』, 日本工業英語協會, 2009年 (나카야마 유키코《기술계 영작문 교본》일본공업영어협회, 2009년)

Thomas N. Huckin & Leslie A. Olsen, *Technical Writing and Professional Communication for Nonnative Speakers of English*, McGraw-Hill, 1991

Anne M. Coghill & Lorrin R. Garson(Eds), *The ACS Style Guide: Effective Communication of Scientific Information 3rd Edition*, American Chemical Society, 2006

옮긴이 | **최려진**
한국외국어대학교 환경학과를 졸업한 이후 뒤늦게 일본어 공부를 시작하여 한국방송통신대학교 일본학과를 졸업했다. 새로운 정보, 낯선 문화를 매끄럽고 유려한 우리말로 전하는 전문 번역가로, 다수의 베스트셀러 실용서를 번역했다. 옮긴 책으로 《유대인 영어 공부법》, 《꿈이 없다고 말하는 그대에게》, 《하루 10분 엄마 습관》, 《단단한 경제학》, 《복지강국 스웨덴, 경쟁력의 비밀》, 《경제 예측 뇌》, 《1일 2분 스트레칭》, 《번역자, 짧은 글의 긴 어려움을 옮기다》(공역) 등이 있다.

영어는 3단어로

초판 1쇄 발행 2017년 7월 20일
초판 13쇄 발행 2022년 4월 15일

지은이 | 나카야마 유키코
옮긴이 | 최려진

발행인 | 문태진
본부장 | 서금선
편집2팀 | 임은선 이보람 정희경
디자인 | 디박스   **일러스트** | 정민영

기획편집팀 | 한성수 허문선 송현경 박지영   **저작권팀** | 정선주   **디자인팀** | 김현철
마케팅팀 | 김동준 이재성 문무현 김혜민 김은지 이선호 조용환 박수현
경영지원팀 | 노강희 윤현성 정헌준 조샘 최지은 조희연 김기현 이하늘
강연팀 | 장진항 조은빛 강유정 신유리 김수연

펴낸곳 | ㈜인플루엔셜
출판신고 | 2012년 5월 18일 제300 - 2012 - 1043호.
주소 | (06619) 서울특별시 서초구 서초대로 398 BnK디지털타워 11층
전화 | 02)720-1034(기획편집) 02)720-1024(마케팅) 02)720-1042(강연섭외)
팩스 | 02)720-1043 전자우편 | books@influential.co.kr
홈페이지 | www.influential.co.kr

한국어판 출판권 ⓒ ㈜인플루엔셜, 2017
ISBN 979-11-86560-46-4 13740

* 이 책은 저작권법에 따라 보호받는 저작물이므로 무단 전재와 무단 복제를 금하며, 이 책 내용의 전부 또는 일부를 이용하려면 반드시 저작권자와 ㈜인플루엔셜의 서면 동의를 받아야 합니다.
* 잘못된 책은 구입처에서 바꿔드립니다.
* 책값은 뒤표지에 있습니다.
* ㈜인플루엔셜은 세상에 영향력 있는 지혜를 전달하고자 합니다. 참신한 기획과 원고가 있으신 분은 연락처와 함께 letter@influential.co.kr로 보내주세요. 지혜를 더하는 일에 함께하겠습니다.